하양꼬맹이

하양꼬맹이

초판 1쇄 발행 2025년 2월 7일

지은이 김광훈
펴낸이 장길수
펴낸곳 지식과감성#
출판등록 제2012-000081호

교정 주경민
디자인 오정은
편집 오정은
검수 김나현, 정윤솔
마케팅 김윤길

주소 서울시 금천구 벚꽃로298 대륭포스트타워6차 1212호
전화 070-4651-3730~4
팩스 070-4325-7006
이메일 ksbookup@naver.com
홈페이지 www.knsbookup.com

ISBN 979-11-392-2397-2(03810)
값 13,000원

- 이 책의 판권은 지은이에게 있습니다.
- 이 책 내용의 전부 또는 일부를 재사용하려면 반드시 지은이의 서면 동의를 받아야 합니다.
- 잘못된 책은 구입하신 곳에서 바꾸어 드립니다.

지식과감성#
홈페이지 바로가기

하양꼬맹이

김광훈 시집

목차

1. 사십일세부터   7
2. 이십일세부터 사십세까지   81
3. 이십세까지   143

1.

사십일세부터

아버지

바람의 스침이 너무 슬픈 이 가을
아버지의 강이 깊고 멀어집니다

열정과 의지, 선함을 기억합니다
악보만큼은 또렷이 바라보시려던
아버지 눈동자를 저는 기억합니다

하늘을 업으시어 천국에 가소서
온화한 미소를 다시 내려주소서

어버이

누군가를 품어 생명을 준 적이 있던가
파도 요동치듯 달려가 본 적이 있던가

나무처럼 자리를 지켜준 적이 있던가
뿌리를 양보하여 키움을 선사했던가

어버이시여, 이젠 나무처럼 서지 못하네
끝내 끄트머리 그 잔뿌리마저 주시네

하모니카

아버지의 노래에는 흥겨움이 있어
하모니카 소리에는 애절함이 있어

꺾어지는 애드리브는 묘기 같았어
협주를 해 보려 함은 이제 불가해

십년전 녹음해 둔 연주곡들을
아련히 살피며 들어볼 뿐이다

만추

여전히 계절은 나를 빗겨 지나간다
늦어감에 가득함을 잔뜩 채우련다

공허는 충만함의 껍데기에 불과해
그걸 뒤집으면 빈 마음은 단단해져

시절의 풍부함으로 진화하고 있어
가을은 겨울 속으로 사라지지 않아

십일월

유리창에 흩뿌려진 잔뜩 흐린 눈물
우둑두둑 두들기며 함께 우는 거니

그 짧았던 단풍도 비를 잔뜩 머금어
이젠 낙하의 애달픔에 마음을 비워

진득이 거리에 쌓이고 모인 색채들
탈피하는 가을은 이내 십일월이다

목소리

바람결에 잠시 멈춰 눈을 감는다
잡힐 듯한 님의 음성이 앞서 있어

낭만이 가득했던 이 가을 그 거리
눈부신 황금빛을 머금은 가로수

춤추듯 그림자도 널뛰는 풍경이
바람을 타고 눈가를 적시고 만다

어느새

같음의 반복을 절대적으로 추종한다
그 빈틈에서 영광의 보물이 발견된다

구월은 어느새 누구에게는 과분하다
추위와 열기를 굳게 견디며 달려왔어

무한 반복된 무대는 차분함을 주었고
어느새 감성의 몸부림에 익숙해졌어

열대야

새벽비가 반갑지만 반전은 없다
끈적한 공기가 사방을 에워쌌어

구월 바람도 못 이길 습도의 단결
피부로 들러붙는 수분들의 난립

등골을 타고 내리는 땀방울들은
다가온 늦여름에 더욱 굵어진다

그늘

소박한 보살핌을 잊지 않겠어요
아직 이 여름도 정말 고마웠어요

당신의 큰 그늘을 잊지 않겠어요
항상 이렇게도 곁을 지켜 줬어요

마음속 그늘은 이제 떨쳐버려요
환함 옆에 있는 그늘에 서보세요

휴가

여기는 흠뻑 우리를 반겨
파도는 너야 바람은 나야

하늘은 벌써 석양에 젖어
모래 발자욱 그림자 지네

별천지가 수놓은 밤하늘
겨울 눈꽃만큼 다채로워

피서

하늘 향해 맨몸으로 즐겁게 뛰었던
해 뜬 날 소나기를 흠뻑 맞고 그랬어

점점 회피하고 싶은 게 늘어나는
어른이 되면 덤덤해진 것도 많아

더위를 잠시 피한다고 생각하고
큰 기대를 잠시 내려놓아 보아요

냉커피

무한을 찾다가 유한을 알게 된다
그래 이런 과정은 정말 순간이야

얼음은 녹음으로 무한하려 하고
커피는 그 향으로 유한하려 한다

두 개의 모순이 한 컵에 섞여 있어
최선의 맛을 느끼는 몇 초의 순간

소나기

칠월의 금요일은 불금이 어려워
빗소리가 감히 들뜨지 않게 한다

맑은 구름은 잠시 하늘에 머물러
먹구름 떼 사이로 깊이 사라진다

빗물 튀는 바닥에 눈을 잔뜩 묻고
움츠린 무리 사이로 발을 디딘다

눈꽃

하늘이 어느새 흰색으로 살랑거린다
한껏 가벼운 흰 꽃잎들이 흩날린다

가느다란 나뭇가지에 이런 터질 듯함이란 게
벚꽃엔딩이 이렇게 화려한 이유일거야

낭만 추억이 아련히 지나가니
이젠 진정 일상을 찾아 나선다

토요일 새벽

이른 새벽녘 공기가 나쁘지 않다
이 시간에 어울리는 소리는 무엇일까

아직 해는 고개를 들지 않는다
빗물 바닥이 흙빛 하늘이 여전하구나

금요일이 특별한 건 이 새벽을 몰라도 되어서인가
내일까지 새벽 아침을 찾아보고 싶다

그림자

빛은 어둠을 모른다 그저 자신만 안다
빛이 찬란한 건 단지 그늘이 있어서다

경계선은 빛과 어둠 차이가 더 확연해
공존의 불가능이 드러나는 이유였어

넘나들 수 없어도 곁에 서면 좋은 건데
그림자의 존재를 그저 알아주면 되는데

행복

오감은 여전히 건강한지
시각은 서서히 흐려졌어

미각은 천천히 단순해지고
후각은 금연이 도움이 됐어

청각은 음감에 숙련이 되고
기쁨은 오선 위에서 춤추네

시계

시간을 거스르려면 도움이 필요해
이십구 년 전에서 다시 출발하거든

밤낮 활발해진 두뇌활동이 필요해
과거 시차는 극복이 되어 가고 있거든

여유 있게 늘어난 초침 분침을 갖고
분실했던 시간을 수집해 가고 있어

터미널

차창 사이로 건네주는 고운 눈빛
조심 잘 가라 건강하자 사랑한다

손 인사가 안 보일까 애달픈 마음
아직 그 자리에서 나를 보내 주네

여행 추억에 잠시 눈을 감아본다
저기 석양 황금빛 우릴 감싸주네

사랑할걸

먼 훗날이 주는 후회를 알 수 없어
당연하지만 고백하기 어려웠어

지금은 미래를 선택하고 싶어 해
두렵지만 고백이라도 해야겠어

언제 어느 때가 나였는지 헷갈려
후회하지 않는 나였는지 돌아봐

얼굴

가속도가 붙은 표정의 선들을 본다
오랜 묵은지처럼 깊어지는 골짜기

반나절에 하루 반이 가버리는 걸 안다
그렇게 둘 수 없어서 정성을 다했다

얼굴은 이제 오래된 이력서인 거다
마주친 거울 시선에 미소를 지어 본다

표정

옛날엔 사진이 왜 많았지
웃지 않는 아이, 그 얼굴을 지우고 싶었어

나를 궁지에 몬 것은 가까이 있었다
아쉬움에 사진을 다시 다시 보았어

이제는 주름이 나를 미소 짓게 한다
웃지 않아도 미소로 보이는 마법이 내게 생겼다

기쁜 일

눈가에 파인 주름이 친숙하여라
말투도 그렇고 미소도 그러하다

여전히 파릇한 웃음소리가 들려
추억이 더욱 단단해져 감을 안다

꺾이지 말아야 할 것은 건강이어라
작은 마음 씀씀이가 늘 고맙구나

친구여

엷은 바람을 타고 선율이 흩날린다
한참 가을빛이 두터운 시간이었어

황홀한 석양빛이 우리를 감싸 돌고
반짝이는 눈빛들이 나를 휘감았어

겹겹이 쌓인 추억을 주어서 고마워
한층 두터워진 밀도는 선물이었어

중독

다이돌핀, 엔돌핀 무리 속에 빠져든다
스트레스가 어디 숨었는지 찾아낸다

서프라이즈에 물든 감각에 빠져든다
중독이 아닌 것이 무엇인지 찾아낸다

호르몬 지도 속에 나의 제도가 있으니
옥빛 바다에 둘러싸인 환상의 섬이다

방지턱

누군가와는 속도를 늦춰야 맞아
어딘가에선 강제로 느려야 옳아

주의표시는 한시도 잃으면 안 돼
불편을 불평하면 위험이 따라와

시간이 위아래 거칠게 진동하면
잠시 멈춰 돌아보고 노트해야 해

평온

전철 창문에 두 겹으로 비친 내 모습
눈가에 미소는 그럭저럭 명확하네

맞은편 어르신과 다른 게 별로 없어
옆자리 직장인과 너무나 다르구나

하얗게 세는 머리카락이 확연하네
비춰진 내 모습은 그래도 평온하다

위치 선정

스트라이커는 서있어도 서있는 게 아니야
공의 경로 예측과 수비수 빈 공간을 간파해야 해

위치는 드러나는 권위가 아니야
동적인 환경에서 겸손히 내 위치를 찾는 거야

그래서 수비수가 골을 넣으면 더 멋진가 봐
안 보이던 존재가 드러나는 순간이거든

닭갈비

긴 줄이 보인다 뱃속이 요동친다
혹시 막국수가 비장의 무기일까

시원한 첫 잔 맥주가 절실한 시점
과연 뜨거운 철판 위로 퍼진 향기

깻잎 위로 마늘, 고추 우군들 집합
여기저기 건배 외침이 다들 급하다

동치미

김치의 조상 동치미
유일하게 닭갈비에만 놓이는 김치

닭갈비 한 쌈에 동치미는 영혼을 같이한다
그래서 반찬이 단출하구나

막국수는 또 어찌 그대와 함께했을꼬
급한 초겨울 날씨, 따스한 저녁이었어

막국수

사계절 막국수는 좋다
사계절 친구는 늘 좋다

막국수는 수육을 부른다
오늘은 족발에 한잔을 부른다

부드러운 입맛을 사로잡는다
친구야 오늘 너 멋있었다

가래떡구이

지하철역 앞 명당자리, 익숙한 구이 향기
세 개에 천 원, 연탄불 가래떡구이

적당히 태우는데 여기에도 장인이 계시는구나
기대가 묻어나는 사람들 표정

천 원 사이로 들리는 희미한 말 한마디
고생하세요 잘 먹을게요

단골집

오늘도 익숙한 동네 한 바퀴 발걸음
언제나 반겨 주는 인심이 푸근하다

시원한 김치찌개로 밀린 속을 풀고
구수한 콩비지로 열린 속을 메꾼다

저 많은 메뉴도 반찬도 허튼 게 없어
조금 더 넣은 거는 아마 정성일 거야

백반

한나절 입안이 너무 욕심스러워
점심을 굶고 입맛을 끌어올린다

오이소박이 옆 열무김치 덩어리
제육볶음에 계란국까지 꿀조합

반숙 계란후라이에 깻잎을 덮어
입속 가득 혀끝 짜릿함에 끄덕여

저녁

꽁치김치찌개에 계란말이
이보다 더 좋을 순 없어라

묵은지를 산나물과 밥에 비벼
큰 덩어리 깻잎으로 덮어 한입

얼큰 국물이 배인 꽁치 한 점은
입안 가득 살코기로 고소하다

달인

삼 년은 변화의 시작이 마련되고
육 년은 거기에 설자리가 생긴다

십오 년은 달인의 경지에 들어서고
이제 그들은 일과 삶의 구분이 없다

일이 행복이고 삶은 그저 회전한다
무한 반복의 무덤덤함을 존경합니다

동네

잠실동 석촌동 삼전동
한 바퀴 걸음이 익숙해

봄바람에 날리는 벚꽃
한밤 호숫가는 런닝장

삼성역을 휘돌면 만보
한여름에 힘겹던 도전

겨울 한기 깊이 마시고
한강변 새벽을 깨운다

버스

잠실에서 강남은 삼백사십번
강남에서 시청역은 사백이번

강남에서 만나요 그리운 님아
시청에서 만나요 보고픈 님아

신사동이 좋을까 논현에 갈까
남대문이 좋을까 남산에 갈까

환승역

제때 가야 서있는 지하철라인
매일매일 거치는 여기 환승역

오늘도 뛰어오는 분주한 당신
닫히는 문을 잡아주고 싶어라

애타는 내 눈빛을 알 리 없지만
내일도 익숙할 여기는 환승역

길목

가보지 않은 길은 안도감을 준다
생각 없이 단순하게 걸으면 된다

거기에 모르는 벗들이 충만하네
바람이 구름이 얼마나 반가운지

이 길이 어떠했든 후회는 없어
그 길목에 있을 땐 행복했잖아

아름다운 사람

미소가 평화로운 안식을 주네
걸음은 늦지도 서둘지도 않아

눈망울로 말하는 소통을 알고
열정과 겸손을 무난히 표현해

대화 전후 배려를 할 줄 알기에
먼저 들어 주는 낮춤이 고마워

꿈에

어제도 오늘도 그대 잠시 나타나
그대는 장미인지 나는 나비인지

느릿한 비행이 되어 꽃잎에 앉아
무어라 속삭여 다시 하늘로 날아

꽃 천국 향기는 바람에 휘감겨
그대 뒤를 따르는 나는 행복해

기대

저 사람 차가운 성질을 알게 되었어
물론 따뜻함도 있지만 당혹스러워

동물, 식물도 차가움이 있는데 뭐
그냥 그대로 받아들여야 맞겠지

인간은 너그러운 아량이 있잖아
실망을 겸허히 품어서 안아줄게

수순

이제 그러지 않을래
당신을 쫓지 않을래

더는 이러지 않을래
시간을 쫓지 않을래

기다림은 멈춰야 해
그게 맞다고 믿을래

마술

거리 관객 속에서 나는 간파했어
사각 큐브가 순간 맞춰지는 트릭

양손 사이 종이가 비행기가 되어
공중회전 후 손짓대로 날아간다

원리가 중요치 않은 고급 열정 예술
급반전 충격에 엔돌핀이 솟는다

틈

행복상자에는 빈틈들이 있어
완벽하게 밀봉하지 않으려고

틈 사이로 훅 새어 나가더라도
차분히 그 현상들을 받아들이려고

유도된 빈틈을 만들어 봤던가
바짝 차린 정신을 풀어헤쳐 봐

인정 네트워크

말 한마디 인정은 인생의 꿀이다
할 수 있다는 여럿 인정은 힘이다

어디에든 감싸주는 이가 있다면
될 거라고 믿어주는 이가 있다면

그 네트워크는 너무나 촘촘해서
결국 숨었던 저력을 끄집어낸다

기다림

시간이 내게 약속한 게 있어
이별도 아픔도 가져가겠다고

너는 그냥 나를 차곡차곡 쌓으라고
그러면 나에게 큰 선물을 주겠다네

시간은 내게 긴 기다림을 주었고
나는 시간에게 믿음만을 주었다

기울기

동네놀이터 아이들 외침은 진심이야
온몸을 맡겨 미끄럼틀에서 내려온다

어떤 두려움도 없는 미끄러짐을 본다
빗물이 풀잎을 타고 매끈히 떨어진다

후덥지근한 마음속 기울기를 만들어 봐
고민이란 게 미끄러져 사라질 거야

소행

결과는 반드시 깔끔했음 해
이미 해놓은 일들은 좋았어

괘씸한 소행은 아이일 때 족해
아이 상상력은 이해해 줄만 해

성인이 되면 용기가 쪼그라들어
적정한 소행을 오늘 저질러보자

똑똑

물방울 떨어지는 소리
똑똑똑 똑똑 똑똑똑

힘없음이 힘을 발휘한다
서서히 바닥은 반응한다

하루 한 달 일 년이 지나면
파인 바닥은 작품이 된다

불꽃

사그라들지 않게 하소서
나의 모든 관심이 사랑이

늘 변하지 않게 해 주소서
나의 시간 하루가 일 년이

불꽃이 타오르게 하소서
나의 순수 영혼이 열정이

당신 때문에

이런 내 마음은 왜 이리 아릴까
이 밤 온통 떠오르는 당신 모습

가벼이 용서를 바랄 수는 없지만
하루 내내 밀려오는 그대 음성

기다림의 여정이 나의 숙명이라면
다시 품어주시면 이건 운명이에요

사랑한 이유

오랫동안 그대가 품어온
기다림이 아름다운 당신

그건 너그러움 같은 것
항시 품어주신 온기는

영혼이 또렷해지는
신비로움을 주셨습니다

연인들을 위해

손을 잡고 눈을 깊이 바라보세요
아침 인사를 놓치지 말고 하세요

먼저 듣고 난 후 맞장구를 치세요
화가 났을 때는 옆으로 앉으세요

공동의 취미를 만들고 격려하세요
이것들이 습관이 되면 결혼하세요

둘이어서

감정이 점점 무디어 진건가요
오늘은 누가 먼저라도 인사해요

지금 이 순간을 놓치지 말아요
의리라 말하고 사랑을 속삭여요

손을 잡았으면 한 번 더 안아줘요
푸근했던 첫날 데이트를 떠올려요

바람의 노래

오월의 바람은 낯설지가 않아
덥거나 차거나 거슬리지 않아

눈을 감고 맞으면 손길 같아
머릿결이 휘날리는 여인 같아

얼굴은 스치듯 가슴을 울리듯
저 바람의 향기는 노래가 된다

반복

그동안 몰랐던 건, 안 했었던 건
시간을 공간에 두지 않았던 거

움직이는 동선은 끝점이 모여
내가 쭉 바랐던 담벼락이 된다

이제 반복은 시간의 편이다
새어 나가는 시간을 잡는다

구석

오랫동안 손길이 닿지 않은 곳
뾰족한 무언가를 들이대 볼까

마음 저기 한 모퉁이에 찌든 기억이
꿈에 또렷이 나오는 힘듦을 겪는다

그것은 존재의 한구석이 분명한데
그대로 흘려버리는 외면을 어찌할까

그림자

뒷모습 그림자가 말한다 이리로 가
앞모습 그림자가 말한다 저리로 가

누가 더 빠른지 같이 뜀박질해 볼까
너희 둘 정말 주인을 두고 이럴 거니

나는 상관없어 어차피 만날 거니까
결국 루틴대로 가는 게 제일 편했어

가보지 않고는

중딩은 풍경이 부족해서 상상병을 앓아
오십은 심신이 단순해서 갱년기를 앓아

애써 가보는 게 맞는지 모르지만
시간은 점점 불안을 선사하지만

그것마저 없다면
송구영신은 영원히 없을 거야

어디로 가야 하나

매일 이곡에 빠져들지 말아요
이젠 새로이 단순하게 걸어요

남겨두고 온 걸 생각하지 말아요
님이었다 해도 슬퍼하지 말아요

호탕 씩씩 웃음을 보여주세요
온종일 그 미소로 감싸주세요

아직

베풀어야 산다는 당신은 아름다워
모든 신은 이미 선함을 명하셨어

인생은 여전히 비포장도로인 걸 알아
포장은 진정한 베풂으로 다져져야 해

The best is yet to com,
당신의 이런 겸손은 이미 베스트입니다

베짱이

살다 보면 가끔 억울할 때가 있어
나태로운 여유로 보일 때가 있어

무진장 엄청 쌓아간다는 건
시간과 치열한 협상이 필요해

베짱이는 역시 독한 놈이었어
동화 속 개미보다 더 부지런했어

버스킹

미술은 보지 못한 것의 드러남
음악은 듣지 못한 것의 드러남

시간을 떼어내어 공간을 쌓아보자
길거리 하늘에 멜로디를 날려보자

맑은 봄날 한 폭의 그림 같은 선율로
이 공간을 감싸는 무대를 드러내자

오늘 하루

음악을 지니고 떠나 보았어
악기를 매고 도심 강가에 서서

이리아를, 세레나데를 연주에 싣는다
저기 연인들은 귓가 소리에 이끌려

작은 무대에 함께 마주 서서
짧은 추억을 오늘 하루에 담는다

왔나 봐

길었던 바람이었지 시린 바람이 날려
코끝에 냉랭한 기운이 느껴지는 오후

이쁜 하천 변에 어울리는 가을 노래를
Autumn leaves 올리고 가려 합니다

모두 따스한 행복의 기온으로 지내길
손잡고 한마음으로 찬가를 외쳐보길

잠실대교

비 온 뒤 갠 하늘이 반가워
푸르름은 한껏 가을 같아

잠시 쉬어가도 좋을 운동 걸음
탁 트인 가슴만큼 상쾌한 바람

사월의 남김을 두고
오월에 다시 찾아갈게

천상천하

일곱 걸음 떼고 하신 말씀, 유아독존
그분이 품은 원대함은 좇을 수 없지만

기대어서 받는 위안은 없으니
자신감 하나는 견줄 수 있을까

그분의 큰 뜻을 덧씌울 수 있다면
특별하지 않음으로 지속하리라

깨달음

무엇을 의심하는지 알 수 없다면
무언가 경지에 다다라 가는 거야

편협한 궁금증이 사라진 것은
한껏 리셋되었다는 반증이야

그런 깨우침으로
항상 깨달음으로

사무량심

자비희사의 무량심을 품고
미움을 멀리하려 한다

평온함은 욕심을 버려야만
오늘도 힘겹게 유지된다

고뇌를 벗어나려는 처절함이
인생의 숙제인데 쉬운 듯 어렵다

함허

마음속 허공을 씻는다
그 허무함이 이제 보이네

머릿속 허물을 씻는다
그 부끄러움이 이제 보이네

차근히 비움을 빚어
다시 채움을 쌓아보리라

안개

아침 안개는 밤새 핀 꽃이다
춘천 안개는 회색 꽃 향기다

감추고 싶은 마음 여기에 두오
다시 올 때 나를 꼭 기억해 주오

강물도 그리 알고
안개를 깨워주시길

선망

질투는 이제 없어
동경하는 것만 있어

목표는 이제 없어
목적을 향해갈 뿐

존경의 마음을 품고
따라가며 걷고 싶어

그림

틀 안에서 기억이 맴돈다
벗어나면 추억은 사라져

그날 기억은 한껏 묻혔어
새로운 추억은 그 대가야

온갖 세상 틀 속에
밀린 기억, 추억을 그린다

헤븐

벌써 사월의 하루는 또 찰나 같겠지
자전, 공전주기에서 어찌 벗어나 볼까

우주 저 너머 오백 년 생존 종족은
하루가 몇 시간일지 궁금해 본다

헤븐은 시간이 멈춘 것인가
아니면 그 시간의 반복인가

봄의 향기

다시 찾아온 시간은 바람을 이끈다
흰 눈을 날리던 바람은 이제 가고 없어

한순간도 잊지 않던 봄의 시간이 왔다
진정 새해의 시작이라 말하고 싶어

독립투사 청춘의 봄은 삼월이었다
진정 우리의 세상을 일깨워 주셨어

옐로우

봄은 언제나 새로운 희망을 준다
눈을 맑게 해주니 마음이 부풀어

흰 도화지에는 개나리가 넘친다
아이 눈에도 노랑은 따스하겠지

이따금 흩날리는 투명한 봄비는
만개한 색을 더 또렷이 해준다

구름

오늘은 하늘에 구름이 유독 많아
만물이 제대로 자라게 되려나 봐

춘분, 오늘 구름은 그래서 특별해 보여
이제 낮이 더 선명하게 길어질 거야

꽃잎이 다시 놀랄 오늘 추위지만
봄 춘 자는 삼월을 더 설레게 만들어

봄비

이렇게 조용한 비가 봄비다
그런데 속삭이는 소리가 있어

귓가에 아른거리는 추억을
봄비에게 물어보고 싶다

내가 고백했던 설렘
그게 언제였는지

청소

일상이지만 용기를 낸다
손잡이를 잡으면 시작이 반이다

순서대로 먼저 여기로 끌고 온다
겨울 피부 각질이 흔히 심한 곳

뇌가 간단하게 비워진 느낌으로
오늘도 가볍게 아침을 먹는다

단식

종종 이틀 연속 점심을 걸러본다
저녁은 일찍 소식하고 취침은 빨리

신체리듬은 아침에 힘을 발휘한다
뱃속 모든 터널이 시원히 뚫린다

간헐적으로 저녁까지 계속 거르면
왠지 힘을 더 내려는 의지가 솟는다

갓생

본인과의 약속이 이만큼 전개됐어
방학 초딩 시간표가 표본이 되었지

규칙은 부지런함, 성실함을 앞섰어
모범은 자존감, 자존심을 뛰어넘어

홀로 휴식은 그만큼 풍성해진 듯해
오늘이 토요일인가는 의미가 없어

거리

창밖에 태양빛이 구름에 가려진다
흔한 변화인데 우산을 준비해야 하나

그래도 회색빛 거리를 둘러본다
우산 속 연인 뒷모습이 맑아 보여

명동 여기저기 낯선 언어가 넘쳐 나네
남대문시장 저 호떡은 기다림이 덤이야

친구

탐구, 호기심은 삶에 활력을 준다
안주는 망상을 낳아 삶을 좁힌다

두 가지 경계선에서 인간은 고민한다
문제는 타인이 아니라 나로부터 아닌가

서로 용서하고 벅찬 인생을 응원하자
숭고한 내리막을 이름답게 감싸주자

기억

다시 과거로 이끌려 돌아왔어
나눠진 시간이라고 생각지 않아

흐려지는 기억만 쌓인다 해도
진정이었으니 마음에 담을게

온종일 밝은 부름이 사라졌지만
기억되는 온유함에 감사할 거야

오죽

싹을 안 틔우고 뿌리만 내린 인내심
여기저기 숨은 내공이 단단합니다

그 시간 선택한 집중력이 어떠했는지
하루하루 쌓인 열정이 드러납니다

전성기는 오죽처럼 은은히 트일 거예요
오롯이 그 차분한 일상이 놀라움입니다

우수

월요일에 이런 회색 빛깔도 나쁘지 않아
눈이 녹아 비가 내리니 봄이 다가오네

마음도 녹아 그대에게 흩뿌려지고 있어
이월 비로 가득해야 삼월 꽃이 아름다워

그대는 이미 내게 봄이고 꽃이다
오늘 비는 그래서 더 설레는 비다

늘.근.이.

늘. 근.면한 이.가 되고 싶다
규칙을 지켜내자

나이가 숫자에 불과하려면
시간을 앞서가자

들뜬 시간이 없었다면
늘 근면한 이로 기억되겠지

아흔 살의 꿈

망백, 나이 아흔한 살에 이르는 그때
소박한 꿈을 나누는 존재이고 싶다

살가죽은 나를 점점 외면하겠지만
곧은 정신으로 하루를 시작하고 싶다

먼저 떠나간 그리운 이들이 있겠지만
그 벗들의 청춘과 미소를 기억하고 싶다

국군

전철 안 마주 앉은 군인의 얼굴을 본다
저 앳된 표정에 군 제복은 어색해 보여

나 스스로를 자주 보면 판단이 흐려진다
저 군인은 나를 보고 앳된 중년이라 볼까

스쿼트 매일 백회로 복부가 앳되어졌다
저 군인 아저씨에게 건승을 기원한다

장병

전철 안 마주 앉은 해군 청년
육해공에서 제복이 제일 멋져

얼굴에 여드름 흔적이 그때 나를 닮았네
마음속 청년의 세상이 푸르러 보여

약간은 긴 머리, 곧 제대할 병장 같아
바다를 품고 하늘을 품고 해피하시길

행운

우리는 대화할수록 꿈이 같아지네요
어릴 적 일기에는 동일한 표정도 있어요

가슴 벅찬 꿈의 세계를 그려 보아요
도전하는 현실은 에너지가 되고 있어요

내가 다시 꿈을 일깨운 건 행운이에요
우리는 이미 미래에 와있어서 행복해요

되시길

섣달그믐, 한 해의 마지막이 왔다
새해 첫날을 어떻게 맞이할까

밤을 새보는 축제로 만들어 볼까
벌써 일 년, 희망의 시간으로 충만했어

축하할 성과로 가득 차는 한 해가 되시길
건강한 심신으로 활력이 더욱 넘치시길

봄비

겨울, 바람, 구름, 빗물
사랑이 그려졌던 수많은 풍경

노래 제목은 사랑이 너무 아프다
이별 노래가 사랑 노래를 앞섰다 해도

오늘 봄비에 보름달에 설레어 보았음 해
사랑의 주제를 그리며 고백해도 좋아

0순위

목표 2순위, 1순위까지 하기가 힘든 거지
0순위는 노력이 아니라 자연스러운 결과다

의지가 미래에 가있으면 현재가 편하다
과거는 그냥 편하게 읊조리면 된다

오늘 자리는 미래에 함께 가있었다
0순위를 위해 건배!!

습관

거룩한 습관, 게으른 습관, 나쁜 습관
플랭크 5분은 습관인가 묘기인가

시간은 진짜 고무줄 같이 탄력적이니까
하나님도 부모님도 선생님도 이해할 거야

거룩하지 않아도 되고 게을러도 된다
다만 그냥 매일 조금씩 반복은 해보자

위대한 일

온 하루가 평온하기에 늘 감사하다
바람이 거세도 시간의 마찰에 열이 난다

하루가 그 시간으로 꽉 찼으니 따뜻하다
변함없이 반복되는 하루는 위대하다

유명인이 안타까운 장애를 겪는 이유는
위대함을 얻을 자격을 내려놓기 때문이다

친구

서두르지 않고 상황을 꿰뚫게 해주는
나의 영혼을 빛나게 해주는 그대여

편벽하지 않고, 착하면서 줏대가 있고
말도 잘하면서 성실한 사람

그대는 천상의 벗이어라
우리는 영원한 벗이어라

선명함

희망의 단어들로 시간을 펼칠 때
놀라운 반응으로 경청해 주는 친구

멋진, 순수한 두 열정이 만났을 때
인생의 경이로운 대화가 시작된다

나이를 접어두게 만드는 동감의 교류는
시간 구조를 단순명료하게 갈음해 준다

평범

제게 묻지 말아요 I'm nobody
그냥 여러 사람 중에 한 명이에요

그저 할 일을 했을 뿐이에요
아니 할 일이 아직 너무 많아요

I'm nobody 제게 힘을 주세요
모두에게 포근한 관심을 갖게 해주세요

아재

깊이가 모호한, 잠시 생각을 마비시키는
아재들의 개그를 부디 탓하지 않을게요

인생은 멀리서 보면 희극이라 했으니
들뜬 아재다움을 누릴 자격을 드릴게요

이제 숨겨둔 미소를 함께 나눠요
사랑이 넘치는 아버지가 되세요

질서

그때 여름 겨울 방학 시간표는 정연했어
한 해도 그렇게 정돈된 순서가 있었지

이제 다시 달력을, 일력을 정리해 본다
다름은 없지만 방학 시간표보다 냉정하네

창조도 순종도 버거운 말들이지만
의지와 신념의 교집합을 질서로 궁리한다

해야 할 일

하지 말아야 할일은 최대한 뒤로 미루겠어
이것이 안 된다면 해야 할 일도 없다는 거지

과거의 해야 할 일이
오늘의 하지 말아야 할 일이 된다면
이것은 너무 처연하지 않은가

지금 해야 할 일은
적어도 과거에 해야 했던 거라야 한다

고독

외로움은 수동적이고
고독은 능동적이다

인간 무리에 파묻힌 외로움은 슬프지만
홀로 고독은 창조적이며 생산적이다

누군가 나를 외로움에 빠지게 한다면
<u>스스로</u> 고독해지는 현실에 직면하자

뭉글

며칠 동안 노래 하나가 떠나질 않아
음표, 쉼표, 멜로디를 나열해 본다

이 뭉글함이 무엇인지 묻지 않고
그저 소녀가 있는 리듬 안에 있으련다

노을이 지고 있는 창가에 앉아
검붉게 사라지는 구름을 보련다

욕심쟁이

시간은 당당한 공짜
이 시간을 그냥 줄게

그래도 시간은 너무 많아
그래서 여유가 무언지 알게 될 거야

시간은 시간을 불려주니까
시간 욕심도 공짜니까 괜찮아

25시

하루 한 시간을 더하고
과거로 시간을 빼보았다

눈을 감고 한 토막 기억 속으로 빠져든다
과거 사실과 현재 꿈 사이에 놓일 수도

새벽녘 이른 공기와 밤늦은 적막은
내게 최고의 25시를 주었다

한 수

마지노선에 있어 보지 않았다면
배수의 진을 미리 설정해야겠지

밀리더라도 공세로 전환하는 게 중요해
역전의 한 수는 수비만으로 나오지 않아

공격에서 나오는 역전 카운터는
배수의 진이 아니면 나올 수 없어

쿨러닝

금메달에는 훨씬 모자랐지만 그 이상인 게 있었어
땅과 눈 위에서 인내심과 열정을 보여줬어

파이팅은 동료를 믿는 데서 나오는 거겠지
땡볕 맨땅부터 겨울 경기장 등장까지 감동이었어

그래, 상상의 힘은 위대해
심신을 청량하게 다듬어보자

골프

저 아름다운 일차원 곡선을 보아라
저 부드러운 스윙 자태는 예술이다

흰 공은 점들의 연속을 멋지게 이어간다
퍼터는 몸과 일체가 되어 무아지경이다

신들이 즐길 만한 저 예민한 공놀이에
하늘과 햇볕, 바람을 느끼게 해줘 고맙다

당구

고수들은 어려운 길을 택한다
더구나 그 길에서 파워를 뿜어낸다

파워는 빨간두공을 흩뿌려 다시 모은다
쉬운공은 정말 훨씬더 조심히 대처한다

싱글보다 복식게임은 변수가 많지만
우리편이 추구하는 길을 알게 된다

커진 옷

벨트는 바뀌지 않았었어
첫번째 홀에도 채워지지 않다니

잠시 먹먹한 마음을 다독였어
답을 찾아 무작정 이만보를 걸었지

빠른 걷기와 플랭크, 육개월 매일 두 시간
드디어 벨트 세번째 홀이 채워졌다

금연

스스로 내부를 충분히 돌보아야 했어
점점 내부를 뒤집어서 보고 싶어졌지

역류성식도염, 하부식도괄약근 항목 확인
모니터와 나는 몇 초 적막을 사이에 두었어

커피, 담배를 영원히 지워버리리라
두 님아 고마워, 내부를 돌보게 해줘서

선물

눈동자에도 주름이 생긴 걸까
맨질한 청춘들 얼굴이 낯설어

인생 언저리에 또 훈장이 하나 보여
애써 펴지 말자 시간은 어차피 굴곡이니까

청춘, 젊음은 선물이라 했는데
품지 않고 열어 보면 안 되는 선물이었어

고질병

겨울은 내 몸에 건조함을 침투시킨다
몸속의 액체는 증발되어 말라버린다

겨울 하늘 먹구름이 흰 눈을 뿜어내듯
피부 기관 여기저기 흰 눈이 휘날린다

온갖 수분을 몸속으로 투여해 보지만
마름의 속도를 이겨내지 못한다

눈동자

전철 안 눈동자는 모두 이것을 향해있어
난 귀가 바쁜데 저들은 눈동자가 바쁘구나

모두가 이글대는 눈 사이로 미간 주름만 깊어
다음 역에서 내리나 이제 영혼이 돌아오나 봐

디딜 틈 없는 등 뒤에 스마트폰이 얹혀있다
'그래요 잠시 당신의 거치대가 되어 줄게요'

거리두기

꽃도 나무도 거리두기를 한다 하지
영양분을 함께 나누자는 약속이야

홀로 걷고 거리를 두어도 낯설지 않았어
오랫동안 묵묵히 옆에 있어줘서 고마워

마음의 온도는 거리를 두지 않으려 해
시간이 거리를 거스를 때 환하게 웃자

공허

채워야 하는 게 아니고 비움을 애쓰는 거야
계속 빨리 채우려는 욕망이 공허함이지

비움은 단순하게 집중해야 해
충분히 깊이 있다면 더 훌륭해

비운 마음으로 음표 하나를 그려본다
그다음에는 반드시 쉼표가 놓인다

정리정돈

기억을 정리하고 시간을 정돈한다
이제는 이렇게 해도 되겠지

추억을 녹여내고 오늘을 쌓는다
비움으로 채움을 만들 수 있겠지

빈 여백, 그 공간을 가지고 싶었어
여기에 기억, 시간을 담아두려 해

우주

쉼 없이 수많은 별빛이 오고 있겠지
지금 오는 빛이 얼마치 과거를 의미하나

그럼 이 공간의 나는 현재가 맞는가
저 공간은 과거를, 미래를 알려준다

가늠할 수 있는 무엇이 필요하다
그냥 하루하루를, 나를 믿고 싶어

자격

지금은 아홉 번째 행성이 아니다
그냥 왜행성으로 분류되었어

명왕성은 스스로 문제가 아니라
비슷한 천체가 많아 태양 행성이 아니래

수금지화목토천해명, 그렇게 친숙했는데
꼭 다시 합류해서 태양의 식구가 되시길

별빛

별, 너는 내게 과거를 선사한다
왜 이리 기쁠까 저 자리 친구별이 유독 밝다

매일 인사를 못해 미안하구나
하지만 낮에도 항상 널 보려 해

비가 오면 우리 무얼 할까
비구름에게 저 하늘 잠시 양보해 주자

나도 너에게 밝은 별이 되고 싶다
친구야 오느라 수고했어

관점

위아래 관점을 뒤바꿔 바라보면
인정하고 싶지 않은 혼란에 휩싸인다

지구는 황망한 하나의 점일 뿐이고
책은 나무의 희생의 결과물이다

어떤 관점으로 정의되는지 고민하는가
그저 계속 한없이 낮게 내려놓아야 해

그림일기

힘든 숙제를 하나 해결했어
지금은 더 그릴 게 많아졌어

내일도 똑같을 줄 알았는데
지금은 더 쓸 일이 많아졌어

머리로는 그림을 그려보고
마음으로 일기글을 써본다

젊은 상처

마냥 한숨만 쉴 수는 없어
그냥 숨이 찰 때까지 가자

여기저기 상처들은 점점 아물어
종종 편안함을 진정 느낄 수 있어

스물둘 유월 둘째날로 선택했어
젊음엔 두터운 다짐이 필요해

건널목

십오미터가 모자란다 뛸까 말까
여유 있는 열두시, 하늘을 올려본다

흩어진 구름이 가을바람 탓인가 보다
좀 더 세차게 밀었음해 옷깃에 스며들게

기다림에 걸음걸음 흰 건반 세어 본다
또 떠오른다 미소 짓던 그 노래

나그네

그녀는 나오지 않고 나는 떠나네
클래식 가곡의 왕이 읊조린다

이별에 상심한 심신은 너무 혹독했을 터
피아노 선율이 흐르는 눈물을 대신한다

애잔하고 격정적인 그의 여정 속으로
새벽 아침을 차분히 맞이해 본다

철겹다

겨울인데 왜 가을에 가보고 싶은 건지
작년 그날에 익숙한 하루를 시작한다

일월은 설렘에 유난히 속도를 낸다
봄에게 시계를 맞춰놓으면 철겹겠지

가을 봄 사이 새해가 뜨는 건 행운이다
하얀 백지가 다시 내게 주어져 다행이다

업진살

연말모임에는 여기저기 목소리가 들뜬다
누가 더 공사다망했는지 시끌시끌하다

한우가 연말에 더더욱 잘 어울리는 건
입안에서 살살 녹아 대화가 여유로워

이름은 잘 몰라도 이거는 왜 이리 연할까
잠시 음미하고 이야기를 이어간다

가능성

Be White Christmas
12월은 바람이 설렘이다

잔뜩 기대하는 건 아이뿐만 아니지
연인에겐 이 추위가 더 반가워

환한 미소로 진정 따뜻함으로
하얀 이 밤을 거닐어 보고 싶어

겨울비

겨울에는 굵은 비가 오지 않아
겨울이 낯설어 조심히 흩뿌리나

오늘은 가을비로 정의하고 싶어
월요일 빗속을 차분히 맞이한다

거리에는 함박눈, 우산 속 연인들
12월 어느 월요일로 기대해 보자

비

가을비는 빗소리가 너무 잔잔해
새벽 비는 저녁인 듯 어둑어둑해

11월엔 왜 먼저 아쉬움을 정리하지
12월 설렘을 아껴두려 그런가 봐

온종일 빗소리에 설렘을 당겨본다
그래, 아쉬움은 조금만 더 미뤄보자

가을

구름을 사랑하면 가을이 한껏 온다
하늘을 바라보면 마음도 들떠 흘러

찌르르르 귀뚜라미 숨은 사랑노래
한들한들 코스모스 길이 펼쳐지네

볼을 스치는 바람은 엄마 손길 같아
가을 시작은 한 해의 다른 출발이다

추석

내일 추석, 이 시간에 전철은 처음이다
도로 위 흔한 설렘과는 다른 담담함

이제는 재잘댈 수 없는 안정감
차분함도 함께 가져오고 싶다

내일은 밤하늘이 환하게 맑겠지
서늘한 가을바람에 머리가 잠시 정리된다

화장을 고치고

전철 두 여인, 다급한 손놀림
연휴인데 분주함이 느껴져

난 오늘 가을을 품고 왔어
명동, 광화문, 남산, 파란 하늘까지

봄 같은 설렘일까
모두 발걸음 재촉한다

경춘선

새벽 속도가 저녁보다 길게 느껴졌어
새벽은 고요한 풍경이 느리게 지났어

고속열차는 눈에 담기에는 창밖이 스쳐 가네
통일호는 여행길에 타야 하는 느릿 열차

완행역들은 저마다 넉넉한 풍경으로
마음속 푸르른 사연을 감싸 주었어

춘천 가는 길

어제 그 소낙비
고개 저어 저만치 가버렸네

눈앞에 놓여있는 파란 하늘길
춘천 두른 강물 끝자락 같아

어서 가자
끝자락 그 길에서 파란 하늘 다시 보자

춘천

밤의 도시, 물의 도시, 추억의 도시
변함없이 언제나 이곳은 청량하다

느린 시간을 경험하는 신비로운 도시
정은 쌓여 새로운 이에게 선사한다

앞서간 눈 자국 위로 발걸음을 하나씩 옮겨본다
그대 뒤를 따르며 오늘의 흔적을 남겨본다

의암호

석양이 내린 얕은 시간은 풍성하다
반사된 호수 빛에 눈동자가 빛난다

편안한 차 한 잔에 굴곡을 얘기해 본다
건강에 유의하고 건식을 분석해 본다

다들 고요함이 점점 익숙해지나 봐
오늘 우리는 모두 어른이 되어 있었다

서울 안개

춘천 안개는 강물과 나무가 보여
한강 안개는 안 그래서 생소한가

잠실대교는 떠있는 구름 위 같아
아침 안개는 그렇게 크기가 달라

사람들은 이게 안개인지 잘 몰라
그냥 지나쳐 감이 아쉬울 뿐이야

소낙비

다 왔는데 비가 온다
하늘색은 파란데 비가 온다

나에게 없는 우산이 미워진다
해가 다시 나를 대신해 기웃거린다

틈 사이 하늘빛이 더 반갑다
태양 아래 촉촉한 길이 새롭다

잠실에서 목동까지

사랑 찾아 나는 간다 잠실에서 목동까지
하루는 긴데 이 길은 너무 짧아
오늘도 나는 분다 색소폰 메들리

님 찾아 나는 간다 잠실에서 목동까지
그대는 여기 언제나 돌아올까
내일도 나는 분다 색소폰 트로트

너무나 빠른 세월, 잠실에서 목동까지
이제는 그대 향기가 떠나갔네
행복 찾아 나는 분다 색소폰 블루스

발명, 발견

색소폰 발명을 나름대로 정의해 보고 싶어
중년 남성들을 음악의 세계로 입적시켰어

황금빛 알토색소폰, 테너색소폰으로
아재들의 무분별한 자신감을 이끌어냈어

솔로 연주를 한다는 건, 혼을 다한다는 건
인생 제2막 무대에 당당히 서는 것

2.

이십일세부터 사십세까지

균형감각

한 번쯤은 불균형함을 받아들인다
큰 일탈만 아니면 괜찮은 자극이다

또 다른 감각들이 감싸줄 수 있으니
기울어진 어지럼을 잠시 버텨 낸다

지구 공전의 쾌속도를 잘 이겨냈다
일월에 맞이할 감각을 잘 준비하자

틈

시간을 이어 붙인 거라면
사이사이 되돌아봐야 해

그 틈새에서 무엇이 새었나
그 접점에서 무엇을 하였나

착각을 사실로 회생시키고
낭비를 미래로 돌려놓았다

너에게

지나친 거리만큼 다시 걷고 있어
너와 종종 거닐었던 얕은 언덕길

가로등 아래 서서 잠시 눈을 감아
수줍은 너의 미소를 내 옆에 둔다

밤거리 서늘함도 그때를 닮았어
옷깃을 여미어주던 그대의 손길

잊지 말아요

언젠가 햇살이 따스한 날 다시 만나요
함께 간직하자고 했었던 그날 와줘요

별빛이 꺼질 때까지 영원하자던 약속
눈물을 참으며 헤어진 의미도 잊었죠

그대 없음을 받아들일 공허는 없어요
꿈만 같던 추억을 버릴 용기가 없어요

비애

슬프고 서러운 적이 있던가
애쓰는 마음을 짓밟힌 건가

잠시 내 귀가 의심스러워도
그냥 눈을 감고 묵도해 본다

추스름은 내 몫으로 남지만
저기 슬픈 영혼은 어찌할까

보따리

짊어져야 할 짐이 너무 많다고 느낄 때
너무나 홀가분함을 싫어할 때가 있어

젊음은 어느 것이 맞는가 답을 찾아도
시간이란 놈은 그것을 다시 리셋하네

하염없이 묶었다 풀었다를 반복하는
이 노력을 언제나 멈출 수가 있는 건가

낙엽

거리 위 바싹 마른 낙엽이 나뒹군다
나뭇가지에는 쓸쓸함이 입혀지네

바스락 낯선 소리에 눈동자가 커져
애써 이리저리 피해 가는 종종걸음

얇아진 이시간도 부스러지면 안 돼
그건 잠시일 테니 품고 보듬어줄게

구름

저 고도에 넘실대는 무리들이 부러워
서로 가까이인데 관심 없이 평화로워

어떤 하얀 뭉침, 짙은 검은 뭉침들 속에
소나기 함박눈이 얼마나 숨어있을까

머금은 태양빛을 한 번에 쏟아버리네
지상의 생명들이 환하게 기지개 편다

닻

닻은 나를 묶어 두었다
누가 왜 닻을 내렸을까

그것이 언제나 나쁜 건 아니었지만
타이밍이 어긋났을 땐 치명적이었어

잘할 수 있는 길로 이젠 닻이 올려졌고
속도가 나고 있다 가속도가 붙을 것이다

시험

진심으로 시험장에 들어간 게 맞더라
진정으로 후회 없는 결과가 주어졌어

십대육년 이십대사년은 과연 짧더라
노력일지도 대운일지도 모를 과정들

그 후부턴 원했던 학습으로 시작했어
열공 반복의 나날에 충분히 감사해

다짐

어둔 곳에 평온함을 주시길 기도합니다
여전히 부푼 희망을 주심에 감사합니다

고행일지도 축제일지도 모를 하루하루
낮아짐과 절제로 제 위치에 서겠습니다

뚜벅뚜벅 힘겹게 오시는 여러분들께
쪼개고 쪼개서 주신 것을 나누겠습니다

마음의 날씨

이토록 원한 대로 하늘이 푸르다
이만큼 품은 대로 마음이 해맑다

시간만 쫓다 보면 눈앞이 멍하니
잠시 초침을 멈추는 용기를 낸다

여백은 나를 끌어주는 스승이다
창천을 바라보기 기쁜 가을이다

안간힘

긴 호흡을 숨기고 긴장감을 올린다
숨 쉬는 것을 아끼고 열렬히 좇는다

아프리카 들개의 맹렬한 추격전은
끝까지 따라 좁히는 단순한 안간힘

젊음의 노트는 날림의 메모였었나
그래도 볼펜 끝 눌림이 꽤나 깊었어

해피데이

구름은 바람과 섞여 그림이 된다
달콤한 미소 하트가 부풀어 있네

별도 달도 어서 빈자리 찾아오렴
이제 여름 열기는 설자리가 없어

여기라고 손짓하는 연인들처럼
걸음걸음 사랑이 펼쳐지고 있어

발디디개

자전거 타기와 같다고 했던가
균형을 잡으려면 멈추면 안 돼

종종 어떤 추억에 사로잡히면
먹먹해진 귓속에 무언가 들려

헤쳐 나와 평온을 다시 찾을까
그래 다시 페달을 밟아가야 해

뚜벅이

저 길을 한 걸음 두 걸음 내딛어
어느새 오년 십년 동안 버텨와

꽤나 묵었던 길목인데 익숙해
하루 새 이십사시 동안 여전해

길가 여기저기 찬가가 들려와
이제는 내가 그 자리에 서있어

남산

둘레길이 꽤나 길어 벚꽃길은 파도 같아
도심거리 야경은 하늘 수많은 별과 같아

얼마나 걸었을까 명동 인파에 묻혔다네
여러 갈래 남산줄기가 여기까지 흘렀어

하늘길 꽃길 사람길이 이렇게 어우러져
시선은 서로 미소 짓고 발걸음은 가벼워

관철동

종각 젊음의 거리는 늘 더웠다
먹자는 열기는 거리를 채웠어

삼겹살도 등갈비도 뜨거웠다
퐁듀와 매운맛은 신비로웠어

돼지고기 전쟁이 시작되었다
하루하루 전설이 쓰여지었다

연극

매일 같은 무대 같은 내용에 몰입하는
온몸에 땀이 흠뻑 젖은 저 배우를 보라

삶이 무대라고 저 열정이 샘솟는구나
무대는 벗어날 수 없는 운명 숙명이다

박수 소리는 공인된 훈장이다
당신의 삶은 솔직하다는 격려다

엔딩

처음과 마지막은 같고 싶어
이게 당연한 건지 쉽지 않아

첫 음과 마지막 음이 같은 건
여운과 기억이 자연스러워

부3화음으로 풍성하게 하고
주요3화음 엔딩으로 하겠어

빙고

이때는 마음먹은 대로 되는 게 많았어
울기도 하고 보채기도 하면 들어줬어

머릿속을 풀어헤쳐서 반성문을 쓴다
벌써 이십 대인데 이제는 그러면 안 돼

세상을 도는 톱니바퀴가 존재할 거야
크든 작든 그 맞물림을 준수해야 한다

숙제

빛의 속도와 똑같이 날아가면
빛은 어떤 모습일지 알려 했어

지식보다 중요한 건 상상력
물리학자들의 머릿속 도면

그렇게 풀어야 할 것들을
스스로 숙제라고 모았어

약속

제 곁에 있다고 한 번 더 말해주세요
새벽마다 깨어나 그리움을 말해요

영원히 그대 앞에 있는 꿈을 꿨어요
아 그대는 영혼을 맑게 해주셨어요

하루의 끝에서 그대에게 다짐해요
이해하고 품어주는 우리가 돼가요

가득한 기억

보고 싶은 날엔 다시 한번 들어본다
떠나가는 그대 이제 다시 불러본다

그날 듣던 바다 파도소리 몰려온다
하늘 카페 진한 커피향이 떠오른다

다녀갔던 파인 발자취를 메꿔본다
사랑이란 제목 아련함을 써내린다

저녁 시간

갑자기 여유가 생긴 시간을
어디에 담아갈지 고민했어

중딩 음악 시간이 소환됐지
나름 꽤나 집중했던 음표들

악기와 일체가 되고픈 로망
음색이 풍성한 색소포니스트

리듬

정박이 심심하면 엇박으로 가자
엇박이 불안하면 정박으로 가자

지금이 지루하면 트로트로 가자
마음이 지쳤다면 알앤비로 가자

손가락 가는 대로 리듬을 깨우자
악보를 그리듯이 눈 감고 즐기자

시금석

자화상을 그려 계기를 만든다
거울을 보며 그 정도를 비춘다

길 위에서 홀로 악보를 살피며
귀에 파고든 음정을 저장한다

보관된 것이 기준이 됨을 알고
더 넓은 곳에서 그 정도를 비춘다

무대

보듬고 다듬어 무대 위에 오른다
어린 꿈은 끝내 거기에 다다른다

반복은 드디어 소리 위에 오른다
거친 꿈은 끝내 거리에 다다른다

끝이 아니라던 그대의 베풂에
희망의 장으로 미래로 오른다

페이지터너

악보를 꿰뚫고 눈으로 연주하는 그는
연주자의 미세한 몸짓도 알고 있겠지

뜨거운 열정과 감성이 연주자 못지않아
페이지를 넘기는 손길이 지휘자 같아

박수는 오로지 연주자의 몫이지만
그의 숨은 미소는 아이같이 해맑아

아리아

서정적인 선율, 웅장함에 사로잡힌다
애절한 애틋한 사랑 노래 이별 노래

테너, 소프라노 커플이 공기를 뒤흔든다
눈을 감고 내 마음은 이미 구름에 떠있어

오늘은 새벽 눈 공기를 맘껏 흡입한다
귓속에 아리아는 상쾌한 아침을 이끈다

청춘

저 복서는 겁이 없어 보여
눈빛이 상대를 제압한다

주변을 참고하지 않는 오류에도
그땐 그렇게 우기고 넘기고 했어

착각의 여유를 충만히 갖게 하자
어른들은 그 눈빛에 조금 져주자

요리

청춘이라는 냄비에 재료가 넘친다
곧 핫하게 달궈지면 이젠 타이밍

여기에 각 조합이 얼마나 중요한지
섣불리 선택하면 큰 대가를 치른다

마지막에 넣을 재료는 환상 뭉텅이
사랑하는 이의 행복을 위한 판타지

병 속의 시간

담겨진 시간은 나오기가 힘들어
무엇을 담아왔는지 알기 힘들어

그 안에 있는 시간은 그냥 두려해
여기저기 낯선 병들이 보이지만

차분히 흐르는 시간을 담다 보면
몇십 년 의미 있는 숙성이 되겠지

포장

많은 상자들이 쌓여 있어
시작에 무엇을 열어 볼까

큰 상자에 조그만 무엇을
작은 상자에 꽉 찬 그것을

과연 어떻게 알 수 있을까
선택과 집중이 필요해

실수

이삼십 대는 너무 벗어난 존재였어
스스로 질문해 그 답을 찾아야 했어

차곡히 담아 모아서 아꼈어야 했어
차분히 그 이유를 메모했어야 했어

인생의 사분의 일을 두고 깨쳐 본다
실수로 볼 건가 무지였다고 할 건가

작은 위험

어떤 긴장하는 순간을 메모해 왔어
해법이 나타나는 뿌듯함이 있거든

여태껏 큰 낙담이 얼마나 있었을까
아마 인생에 그런 건 있을 리가 없어

그냥 매일 소소한 위험의 반복이지
그리 느낀다면 익숙한 긴장을 해야 해

개미 행렬

무작위 방향성은 예측이 어려워
불규칙적인데 일사불란한 공격

어떤 무게도 들어버리는 집합체
이쪽저쪽 개미 군단은 맹렬해져

약한 힘의 분산이 행렬이 되면
어떤 상대도 젖혀 버리고 말지

다 함께

고래, 곤충의 노래에 귀 기울여 보자
발산하고 싶은 가사들이 있을 거야

찾아 듣는 관심에 진심 고마워할 거야
도레미파솔라시도 어떤 멜로디일까

각자 다른 박자에 여리여리한 음색이라도
다 함께 만든 악보를 보면 행복할 거야

걸무새

근거 없는 자신감은 어쩔 수 없어
한없이 오르내리는 롤러코스터

훨훨 날아 노니는 슬픈 새여
쉼 없이 위아래로 흩날리네

살걸 팔걸 할걸 말걸
걸무새여 멀리 날아가거라

갈무리

인생은 끝이 없는 굴곡
언제나 종점 같은 갈무리

그대는 나를 떠난 옛님
언제나 보고팠던 친구여

오늘도 변함없는 시작
하루를 한 달같이 갈무리

시시각각

끝 지점은 예정돼 있으니
초분시 단위로 자성한다

생의 깊이를 넓히려면
고려함을 배워가야 해

쪼개고 분리한 각각의 시각
끝 지점을 내 의지 안에 둔다

바람

이 정도 바람이면 될 줄 알았어
오랜 기다림 포기할 수 있을까

마음속 자리 한편 아쉬움들을
밤하늘 은하수만큼 세어보았어

바람을 영영 바라는 바보 같아
이제는 가히 짐작할 수 있겠어

소녀의 기도

기나긴 간절한 소망이었을까
소녀의 곁에 피어오른 꽃망울

이제는 날마다 그런 화려함을 본다
그리고 아직 고난스런 옆을 살핀다

기도는 나를 위함이 아닐 것이니
기쁨은 당신을 위함일 것입니다

사랑 보배

이제 내 앞에 오신 당신과의 귀한 맹세
우리 언제나 먼 길 함께할 시간의 약속

변함없이 보배로운 당신의 미소
찬란히 무르익을 행복할 나날들

이 봄날의 눈부신 초록물결에
영롱히 빛나는 그대의 눈동자

덤앤더머

친구는 똑똑하지 않아도 괜찮아
멍청한 겸손이 나쁘지 않더라고

손가락질을 받아도 둘이면 괜찮아
현실이 헷갈려 해도 번득이는 유머

이제 정말로 그럴 때가 됐거든
점잖은 모자람이 멋진 거라고

절친연정

내곁에 있어준 그대여
참으로 한없이 감사해

보고픈 그대는 친구여
오늘도 내일도 그리워

더욱 건실하게 지내오
남은 여정도 밝으리라

괜찮습니다

우리 사랑 이대로 괜찮습니다
이쁜 사랑 영원히 함께해 줘요

우리 미래 앞으로 괜찮습니다
멋진 앞길 영원히 같이 가줘요

꽃길이 아니어도 푸른 하늘 아래
설레는 발걸음이면 충분합니다

이별

가르는 바람이 아직 상쾌해
강렬한 햇볕은 이제 시작해

지난해 기나긴 상처를 담으면
아직도 여름비는 잊고 싶어져

잊힘이 반복이 되는 걸 말아 줘
고별이 또다시 오는 걸 막아 줘

파울홈런

축구에선 퇴장도 가능한데
파울이어도 격려를 해주네

선을 넘으면 치명적 실수인데
파울이어도 다시 기회를 주네

홈을 떠나 다시 홈으로 오니
결국 무시무종 아니겠는가

아수라

올바른 명분으로 투쟁에 들어갔나
혹시 얕은 착각으로 거기에 이르렀나

혈투, 경쟁을 하지 않음으로
덕을 쌓는 방법을 알아야 해

인연에 이르렀던 애틋한 순수함들이
아수라를 헤어날 이정표가 될 거야

알아차림

새로운 발견 앞에 깨달음을 주셨어
안다는 건 행과 불행이 동시에 오는 것

그것은 알게 모르게 지나칠 뿐
일상을 크게 짓누르지 않을 뿐

무지에서 오는 짧고 강렬한 자극보다
알아차림으로 쌓인 무게감이 타당해

무게중심

머리 위 백반쟁반 오층탑
흔들리지 않는 힘의 분산

전방 시야는 온몸과 굳게 일체된다
이 무아는 수련된 마음의 결과일까

하루가 여럿 쌓여 무게로 짓눌릴 때
내 몸속 중심은 더 곧게 서길 바란다

맑음

다시 맑게 하려고 멈춰 봤어
시간은 멈춘 내 편이 돼줬어

새로 맑은 걸 붓고 싶었지만
넘쳐나는 건 내 것이 아니야

시간이 친구가 되어 주니
시간은 내게 맑음을 주었다

수채화

어릴 적 기다림 같은 게 필요해
붓을 내려놓고 바라봐야 해

눈으로 마음으로 깊이 담아야 해
그 설렘은 충분히 가치가 있어

너무 빠른 결과는 충분치 않아
여유로움은 서두르지 않음이야

좌표

매순간 차원이 선명한 좌표였을까
아기 특유의 향기는 손길을 유혹한다

사춘기 저 녀석 마음속은 회색지대다
뭐든 그냥 빨아들이는 블랙홀이지

삼사십은 간신히 설자리를 찾아낸다
오륙십은 삼차원 세계에 서 봐야지

허겁지겁

신호등은 옳지 않다
내 뜻대로가 아니다

걷고 싶은데 뛰게 하네
한가한데 건널목만 바쁘다

다른 길로 건너는 건
여유로운 게 아니었어

시작처럼

시계 알람은 다시 세팅됐고
거의 최소 일년은 해보았어

기교가 아닌 단순 반복의 힘
습관이 기술을 넘볼 수 있어

몽톡한 윗배가 결국 빠지고
그 자리에 임금왕 자가 떴다

허울차다

겉으로 보기에는 튼실했어
그게 꽤나 훌륭한 거라 여겼어

앞으로 시간이 새뜻할 거라 믿었어
강하면서 치우치지 않을 거 같았어

이제는 허울차지 않은 그런 게 좋아
시간이 여러 갈래로 있어서 편안해

장미 언덕

내리막길 지하 작고 이쁜 카페
레코드판은 시간을 굳게 해줬어

아르바이트 청춘은 다소 익숙해졌고
파르페는 멜로디처럼 달콤상콤했지

푸르른 봄날은 여기 언덕에서
서툴게 서서히 시작됐어

관계

마음이 한껏 찬란해지는 계절
햇볕이 바람이 인연을 만든다

이 우연은 내면의 파고를 높인다
그 향하는 순수함을 사랑에 실어

심히 감사하는 숙연함으로
관계는 떠오르는 해가 된다

애이불비

애절한데 슬프지 않을 수 있을까
하나부터 열까지 모자람이 없었어

얕은 언어와 행동이 보였다 해도
그건 그냥 이해될 거라 생각했어

그랬듯이 배려와 시간을 공유하고
미래에 놓일 무대를 그려 보았어

기억

헛헛하게 쌓였던 일상의 건더기
깨끗한 정돈이 의미가 없어 보여

머릿속을 쓸어내는 빗자루질이
그때가 사라지게 계속되어야 해

추억이 단단해질 거라고 자신하지 않아
언뜻 떠오를 기억만 그냥 견뎌내면 돼

한시도

진정 이렇게 하면 될 줄 알았어
절제와 거리가 필요했던 걸까

머리로만 만난 시간은 아니었잖아
그래서 아줌아재 선배들이 고수인 건가

잊지 못함이 힘들지라도
마음에 맑게 품고 있으려 해

아름

언제나 나다울 때 아름답다
그대는 그래서 아름답다

모두가 그럴 때 세상은 아름답다
아름다운 음악은 세상을 빛낸다

아름다운 음표를 쉼표를 만들어
그대에게 세상에게 주고 싶다

회복탄력성

잠이 빨리 들어 나쁘지 않아
잠이 깨어나면 상쾌해 좋아

이십 대는 왜 피곤함이 없었지
삼십 대는 실패를 맛보는 혼돈

사십 대는 잠이 부족해야 돈을 벌어
오십 대는 일찍 자고 일찍 일어납시다

Life

인생의 중간은 choice라고 했어
champion일 수도 있잖아

끈기와 겸손을 그대에게서 본다
선택과 집중을 그에게서 배운다

불행과 위로는 그저 인생사겠지
행복은 sometime인 걸 인정합니다

달란트

청춘 그대 앞에 놓인 험난한 길에
분명히 그대의 한계가 드러날 거야

소망을 이루기에는 아직 일러
그대의 재능이 최고인 것은 맞지만

그저 겸손히 주어진 길에 들어서서
그대의 소명을 발견하길 기도할게

인저리타임

시간은 우리에게 점의 연속이었으리라
시간은 잠시 멈추었고 골망은 철렁였다

나도 지금 점으로 시간을 풀어헤쳐 본다
멈추고 싶은 시간에 과감히 정지하리라

승부수를 던지고 활짝 웃어보리라
아직 인생 8강이어도 멋지게 왔어

세모

꼭짓점에 서보려면 둥글게 살면 안 돼
둥글게 가보려면 각지게 살면 안 돼

오늘도 어제처럼 둥글게 가고 싶고
내일은 별처럼 세모로 빛나고 싶다

세모를 쌓으면 둥근 원이 될 테니
조급함은 그냥 사이사이 묻어둬

순리

욕심을 거두고 이에 감사하겠습니다
그저 제게 맞는 이치를 좇겠습니다

건강을 항상 뉘우치게 하여 감사합니다
그저 매일 한 발짝 더 땀 흘리겠습니다

하루를 되돌아볼 시간에 감사합니다
그저 깨달은 순리에 따르겠습니다

난타전

내 주먹이 얼마나 센가는 무의미해
상대 센 펀치를 어떻게 견디느냐가 중요해

삼십 대는 그야말로 롤러코스터였다
사십 대는 경쟁의 방식을 터득했던가

아직 인생의 난타전은 시작도 안 했어
사각링에 막 입장했고 물러설 길이 없다

사구

이 모래언덕은 어디에서 밀려왔을까
결국 저 파도가 바람이 밀어붙인 거겠지

바다를 파도를 왜 가리려고 했을까
육지로부터 무엇을 막으려 한 것일까

위에 올라 바람의 소리를 모아 본다
더 높이서 바다를 저 끝을 보라 한다

최선

사랑에 최선의 모습은 솔선이고
이별은 솔선이 실종된 최후이다

우산 속 연인들 젖은 어깨는 사랑이다
내 공간을 더 내어 주려는 애틋함이다

최선의 나는 그대였기에 가능했고
솔선은 최선의 나를 사랑에 이끌었다

사랑이

잘못 알았어 사랑이 그런 건 아니었어
빈자리 공허함은 추억으로 채워질까

아니야 시간은 애써도 채워지지 않아
묵상과 비움으로 빈자리로 남겨놓아

사랑이 그런 거라 아파하지 말고
사랑이 아닌 거라 외면하면 안 돼

근심로봇

오늘 이 고민은 어디서 왔는지
너에게 떠넘기고 나왔어 미안해

내가 올 때까지 꾹꾹 담고 풀어봐 줘
너도 잘 안 풀리면 잠시 쉬어도 좋아

지금까지 밀린 걱정DB가 꽉 차면
오늘 저녁에 그냥 딜리트 해 줄게

물고기

물 밖에 있으니 얼마나 힘들었을까
내년에는 물 만난 물고기가 되시길

물속에서 마음먹는 대로 유영하시길
이젠 그럴 때가 왔으니 걱정말고요

마음 깊이 기도하고 소원했으니
함께 축복 나누는 은혜 충만하시길

칭찬

익숙해야 하고 능숙해야 한다
이젠 받기보다 주는 걸 잘해야 해

그 한마디에 세상을 얻은 듯하고
꿈을 바라보는 관점이 달라진다

이 땅 모든 이에게 은혜를 주신 그분처럼
격려와 칭찬을 아낌없이 해 주고 싶다

부메랑

그게 모두 좋은 건 아니지만
기대한 게 올 수 있으면 좋겠어

집중했었다면 멋지게 리터닝되겠지
열정적이었다면 빠르게 돌아올거야

다만 설렜던 추억만이라도 좋아
이제 한 해에 쌓이는 모든 게 좋아

눈길

시선을 따라가다 보니 보이는 게 있더라
나를 향하는 눈길은 크게 와닿지 않아

벌써 일년이 지난걸 보면
시간이 무엇인지 몰라도 불편하지 않아

그저 내 시선이 향하는 곳으로
끊기지 않는 확실한 움직임 뿐

총량의 법칙

결국 총량은 같을 거라고
마음을 정돈하기 좋은 달이 왔어
행복도 불행도 결국 플러스마이너스 제로일 수 있다는 걸

급할 필요 없어 하지만
하루를 일 년같이 보내는 여유를 느꼈어
감정은 배제하고 오로지 현상을 가지고 요리해 보았어

우주선에서 바라본 지구는
그냥 수많은 점 중에 하나인 걸
저 광활함에서는 총량을 논하기에도 송구해

습기

농담은 여유로움이고 촉촉한 마음이다
유머는 익살이고 물방울 맺힌 마음이다

마음의 온도를 상승시키면
입술 밖에는 습기가 차겠지

미소를 머금고 우스개를 뱉어 보면
폭소하는 우리가 함께 행복할 거야

보고싶다

기억 속에 내 마음은 늘 벅찼는데
표현 못 한 그 마음은 바보 같았어

환한 미소로 사랑을 그려준 당신
진정 마음 다해준 고마운 그대

평온함으로 감싸주었던 영혼까지
보고싶다 말하고 싶어 영원히

인생의 띠

같은 방향을 걷고도 반대면에 서있다면
그 면에는 무엇이 어떻게 놓여 있을까

다시 한번 걸으면 원위치에 서게 되니
처음부터 특별히 두려워할 필요는 없어

한 번으로는 제대로 알 수 있는게 없다는 걸
이제야 알았으니 그게 서로 위안이 되겠지

온전히

원래 제자리가 어딘지 알고 있어
울보 어린아기는 평온을 찾았고

변성기 중딩 손에는 책이 잡혔어
대딩은 도서관에 파묻혀 살았고

사무실 청년은 열정을 쏟아냈어
온전히 돌아오니 음악에 묻혔다

철부지

철이 부재한 당신
지금 삼십인가 사십인가

철이 있다는 건 제도의 하한선을 가까스로 지키는 것
하지만 누구나 사고의 근간에는 일단 철이 없어

오십 대에는 차라리 꼰대가 낫겠다
꼰대는 최소한, 철을 갖춘 허무로 인정되니까

필살기

인생 불변의 법칙이 한 가지 있어
한 가지 확실한 기술을 가져야 한다는 것

고집은 타인에게 피해를 줄 수 있는 한계
필살기는 타인을 변화시킬 수 있는 고도

말 못 하는 아기 필살기는 우는 거겠지
어른들 필살기는 고집을 밀어붙이는 오류

건조

마른 마음은 욕망의 불쏘시개가 되었다
서른 파릇한 외모에는 촉촉함이 없었어

쪼그라드는 뇌구조를 염려해야 했었다
무작정 날갯짓한 욕구는 정돈이 안 됐어

파괴와 창조가 반복되는 시간을 버텼다
폭주하는 열정을 식혀 순번을 부여했어

Present

과거는 추억으로 행복이 포장되고
미래는 바람으로 행복을 선망한다

오늘이 선물이라는 present
행복도 과거, 미래보단 지금이고 싶어

항상 오늘 시간을 조각하고 있어
그냥 별 탈 없는 하루이길 바래

별꽃

봄의 꽃은 오롯이 숭배된다
봄은 그렇게 서로 시작된다

밤하늘은 변치 않는 꽃밭이다
사계절 그렇게 홀로 별 빛난다

벌과 나비는 봄꽃 친구
달과 태양은 별꽃 형제

다행

이렇게 겨울이 춥고 따뜻해서 다행이다
봄날을 천천히 기다릴 수 있어 다행이다

마음을 나눌 친구가 있어 다행이다
영혼을 나눌 음악이 있어 다행이다

오늘은 밤이 가장 길어 신비한 날
붉은색 음식으로 기운을 받고 가자

나뭇가지

겨울 나뭇가지는 시선을 못 받아 애처롭다
봄, 가을 나뭇가지는 온갖 시선에 바쁘다

겨울 나뭇가지는 사이사이 하늘을 선사한다
잎도 없는 쓸쓸한 가지는 봄을 준비한다

오늘은 하늘을, 아니 나무를 바라보자
새해에는 든든한 나무로 다시 태어나자

윈터링

계절은 황급히 돌고 돌아 겨울
사람들의 옷차림이 분주하다

잔뜩 움츠릴 만한 추위일까
애써 겨울바람을 묻어두려 하네

겨울나기는 이제 시작일 뿐인데
전철 안은 김밥패딩들로 숨이 막혀

구월찬가

뜨거운 광풍은 아직 치열한 머무름
구월 열풍은 세찬 바람을 맞닥쳐라

창공 기운은 지상 열기를 혼쭐내라
짧아지는 가을을 과거만큼 달래라

그늘 속 서늘함을 한껏 들이마시고
백여 일 채워진 내부 열기를 식혀라

명절 인사

내구성을 알아내려는 집요함을 본다
굳이 대답 뻔한 예상 질문이 들려온다

이날은 어찌 선 넘는 질문이 허용되지
바로 그냥 힘찬 과장을 가공을 얹는다

어차피 서로 지구력에는 관심이 없어
그래도 입가 미소는 미리 준비해 둔다

여름 향기

소낙비 속을 달리면 향기가 들린다
우두둑 튕겨나가는 물빛들이 보여

다시 해 뜬 하늘빛 변덕은 아이 같아
투정은 그만하렴 충분히 여름이었어

언뜻 휘돌아온 바람 향기는 무언지
푸른 하늘은 깊은 바다 가을빛이야

立춘

십이월 크리스마스 다음으로 설레는 날
봄이 오늘 일어났다 시간이 이제 느슨해

아직은 몸으로 파고드는 바람이 씩씩하다
밤이 돼서야 봄바람이 뭔지 기억이 난다

이월은 서서히 몸도 마음도 세워보자
일월은 조금 조심히 움츠렸던 것 같다

습관

성장은 결과, 습관은 과정이라면
나는 아직 과정으로 살고 싶다

습관을 반복하는 건 삶이 두터워지는 것
반복이 없던 청춘의 삶은 너무 얇았었다

이젠 성장의 끝자락에 서고 싶지만
여전히 좇아가고픈 건 습관의 시계뿐이다

여유

두 번의 심각한 고비가 있었어
그놈의 호기심들이 문제였지

초딩 세 명이 철도 다리 위에 기차를 멈추게 했어
십년후 햇빛을 피했던 안면 부상도 심각했었지

어디서든 들뜨지 않으려 애써야 해
눈을 감고 한 번 더 심호흡을 해야 해

신호등

유턴은 가끔 필요한데 흔치 않아
유턴은 어느 길에서든 쉽지 않아

침착하게 길을 돌려야 해
과거가 추억인 건 차분함 때문이야

지금 여기 일방통행이 낯설지 않은 건
시간이 앞으로만 가는 게 좋아서일까

화양연화

오늘은 내일의 화양연화
내일은 모레의 화양연화

그게 아니고 훨씬 지난 과거인가
아니면 시간이 멈춰야 알 수 있나

매일 그것은 스쳐가고 있을 거야
지금 이 순간이 *花樣年華*일 테지

한참, 한창

한참이었어, 이제 한창이 돼야 해
한참의 결과가 한창 아니겠는가

한참이었던 게 무엇이었더라
한창 일하고 한창 체력이어야 해

관계는 한참이었는데
이것은 정말로 한창일 수 없구나

환승

멈추고 싶은 시간이 있었어
설렘으로 하루를 시작했었지

하지만 몇 차례 환승을 해야 했어
빠른 환승에 여유를 얻기도 했지

지금 내가 승차한 길은 환승이 안 될 거 같아
시간, 설렘, 여유를 고민하고 싶지 않아

도서관

여기는 오려고 했던 건 아녔다
서울 하늘을 찾고 있었어

복도 발자국 소리가 이렇게 컸던가
조용히 조심히 잠시 시간을 되돌려 보련다

남산타워까지는 걸음을 급히 해도 되겠지
푸른 하늘이 이제 나를 숨 쉬게 한다
입체 도시 서울이 한눈에 오르내린다

제3한강교

한강 네 번째 다리, 석양이 빛난다
고속도로 시발점, 부산길이 보인다

강남은 영등포에서 강남역으로 흘렀어
들뜬 청춘남녀 표정은 당연 이해가 돼

논현 영동시장 맛집 맛은 점점 더 깊어져
대치동 학생들은 꽤나 비장한 걸음이다

봉의산

학을 닮은 산, 저기 소양강이 안개빛이다
산이 더 높아진 건가 춘천 저 끝이 멀어졌어

저기 저기 익숙한 골목길
나 여기 있다 거기서는 나 안 보이나

곧 내려갈 테니 같이 산 저 끝 바라보자
저 푸른 강줄기 군데군데 노닐어 보자

춘천 남자

어디에서 지금 왔나
그대는 안개고을 춘천 남자

이런 남자 어디에 있나
그대는 호수마을 착한 남자

간절히 간직해 온 나의 마음
소중한 그대와 함께하고파

열차

참으로 기차를 긴 시간 자주 탔어
통일호 덜컹거림은 음률이 됐지

이 밤 춘천행에 바쁘게 몸을 실어
눈을 감고 머릿속 칠판을 펼친다

학습과 일을 이어나간 두 해 동안
공간 이동은 진정 짧게 느껴졌어

통일호

회기역 21시 20분 춘천행 막차
오늘은 평일인데 빈자리가 없네

두시간반 긴 거리, 밤 풍경 여유는 좋아
강촌역은 MT 성지, 밤이 낮 같아

낭만 통학 열차는 이제 없지만
덜컹거렸던 청춘 시간의 친구였어

아르바이트

이 호텔 회의 만찬장, 무엇이 다를까
다르구나 그들은 환담을 꽤나 잘했다

테이블 위에 올려놓은 온화한 표정은 전략일까
입가 미소는 맞은편 상대방을 바로 포용해 버린다

너그러움, 수용을 뛰어넘는 전술,
저게 외교이고 비즈니스인가 봐

타자기

행정실 문서 만들어지는 소리
멀리 있어도 리듬이 경쾌하네

일병 동기 녀석 실력이 늘었어
피씨와 공존한 매끈한 타자기

너 한가할 때 나 좀 가르쳐줄래
피엑스에 가자 내가 한턱 쏠게

삼십개월십오일

먼 거리였어 진주를 스치며 도착한 곳
입소 첫날 저녁 식판은 정의 내리기 어려웠어

몇 주 동안 언 땅이 녹고 워커는 처참해졌지
마지막 행군은 외면하고 싶은 뿌듯함이었어

밤에 들어선 도로 이정표는 원주
군 버스 안 공기는 모두를 얼게했어

30개월 15일을 이젠 정의 내려야 해
내일부턴 차분히 정주행해 보자

입영전야

머리맡에 사진을 두고 선잠에 든다
긴 밤만큼이나 먼 거리에 저림 두통

무덤덤한 속도로 청춘을 되새긴다
기대 많았던 반전 찬란함은 없었어

다시 엄마 뱃속 무한 안정을 찾아라
당당히 버티고 힘찬 구호를 외쳐라

원더풀 투나잇

신문광고를 그렇게 유심히 본 건 처음이었어
마음이 뛰었으니 움직여야지

스튜디오에서 사진을 찍고 1, 2차 예선
결국 남산 중턱 호텔에서 본선까지

무대 위 홀로 서서 팝 가수를 모사했어
혼신을 다해 부른 여덟마디, 박수소리가 감사해

서울타운

종로골목 작은 이층 엘피카페
도심과 시구가 뒤섞인 육성들

커피 향과 맥주가 휘감는 감성
김치볶음밥은 단골 특선 메뉴

그 거리, 공간을 기억한다는 건
청춘 여행이 사뭇 특별했던 것

수업

학교는 교실은 초딩 때는 놀라웠어
확장된 세상, 새로움의 연속이었어

십 대 후반 배움이 잠시 멈췄지만
그건 그냥 한 시점이었을 뿐이야

어쨌든 수업은 이어지고 있어
충분한 동기가 부여되고 있어

영웅

소년 영웅 조각상, 여기 서있네
나도 에둘러 여기 도착했어

단풍정원, 그때 그 자리 앉아보았어
방학인가 여기저기 자리가 조용해

가을바람이 인사말로 반겨주네
소년아 너는 지금 잘하고 있어

어쩔 수

이십에 사춘기가 온 건지 뭔가에 갇혔어
뭐든 생각나는 대로 하지 않을 수 없었다

공부도 연애도 친구도 구분을 못 지었어
호기심 천국에서는 할일이 너무 많았다

역시 노량진은 겉돈 시간으로 판정됐어
다행스럽게도 이게 전혀 슬프지 않았다

노량진

여기는 어디인가 서울인가
삼 개월이 지났는데 익숙하지 않아

여긴 흐린 날이 왜 더 많지
하루가 긴 것이 익숙치 않아

지금 나는 명동에 광화문에 있다
그다음에 노량진엘 갔어야 했다

공부

상왕십리살이 육개월은 어떠했나
노량진교실에 치열하지 않았었어

경계가 모호한 방황들이 있었어
그토록 여유로운 이유는 잘 몰라

벌써 몇 년째 게으름에 적응됐어
뇌 공간은 아직 깨끗하고 넉넉해

모퉁이

꺾으면 무엇이 나올지 두려움이 없어
놀라지 않고 담담히 받아들일 마음 자세

그 어떤 신비로운 경이로움도 없었지만
더 단단해질 거라는 기대는 늘 지켜냈어

의식의 흐름조차 의심하지 않아
보이지 않는 곳으로 다시 꺾는다

3.

이
십
세
까
지

스킨십

어린아이의 허그는 진심 천사표
진심 어린 안음은 절실함이 있어

스무 살 애틋한 사랑 표현은 서툴러
들뜬 사랑을 인정하듯 불안정해

부부싸움 불협화음은 늘 일상인 건가
그때 성혼 선언문이 무엇이었는지
안아주고 보듬고 속삭여 주세요

겨울잠

유독 꿈이 생생하고 선명할 때가 있어
그건 바로 늦가을부터 시작되는 듯해

기나긴 겨울잠의 시작을 알리는 신호
긴장과 판타지가 한 편의 드라마 같아

연말에나 상봉하는 그리운 얼굴들이
꿈속 세계에 또 재생되는 기쁨의 연속

걸음걸이

깡총깡총 신난 아이들
터벅터벅 사춘기 중딩

따각따각 구두 직장인
처진 어깨 뒷모습 아버지

걸음은 인생의 나이테
상체 펴고 굳세게 걷자

도파민

의욕, 동기 부여가 세상을 지배한다
여기저기 특출나게 드러나고 있다

흥미, 에너지가 나를 지배한다
뇌 건강이 전신을 감싸 보호한다

일시적인 행복감은 지양한다
일상의 평온을 굳게 믿어야 해

사랑연가

칠년의 순정이 이 여름에 깨어난다
사랑의 아리아는 숨 가쁘게 울린다

일개월을 채우고 매미는 사라진다
이건 낭만여행이 아닌 생존이었다

사력을 다하는 밤하늘의 울림이
결실을 맺기를 간절히 바라본다

일요일

유월은 봄도 여름도 아니었어
오늘은 드뎌 여름이 내려왔어

장마다움을 알리는 바람까지
이제 한 달은 회색 도시답겠지

대신 칠월의 행운을 기다려 봐
애써 기다렸던 사람을 사랑을

섬

춘천은 고요하다 주변 섬은 잔잔하다
사계절이 주는 옷은 언제나 화려하다

물안개는 섬을 아침마다 휘감는다
소양강 물줄기, 의암호에서 빛을 발한다

섬 안에서 춘천은 현란한 병풍이 된다
물과 섬, 산은 하루 종일 축제를 만든다

소양강

안개빛에 가리어진 회갈색 강줄기
뱃사공 흥얼거림은 고요에 묻히고

나 지금 그대와 거닐던 언덕에 서서
흐르는 강줄기 따라 배를 띄워 본다

가신 그 님은 언제 여기에 다시 올까
소양강 안개길 따라 홀로 걸어 본다

명랑소녀

밝고 환한 미소를 애써 숨기지만
얼굴 밖이 더 빛나는 담담한 풍채

수줍은 듯 차분함은 향기로 퍼져
이 공간은 너로 인해 환기가 된다

잦아드는 웃음소리는 고상하고
아끼려는 시선에서 곧음이 보여

소녀

밤안개 자욱했던 고즈넉한 거리
얼마나 걸었을까 또다시 제자리

설렘은 가로등빛 아래 숨었어
밤하늘 저 별빛은 언제나 그 자리

안 그런 척 무표정은 이젠 안 할게
너의 사랑 미소를 닮아가고 있어

그대 생각

창가에 앉아 가을 풍경에
한나절이 막연히 흐른다

살갗 부딪침이 연한 바람
구름처럼 다가왔던 그대

고개를 떨군 채 한 줄 쓴다
이제 첫 번째 겨울이 와요

짝사랑

어느 날 문득 다시 마주친 그 거리
찰랑이는 발걸음은 눈부신 햇살

두근거림이 얼마큼인지 가슴 벅차
세어보지 않고 멈춰버려도 좋겠어

하루가 어떤지 행복하라고 빌고픈
그녀를 위한 기도는 나를 기쁘게 해

눈동자

뚜렷이 바라볼 수 없습니다
물끄러미 뒤에서 바라볼 뿐

대화는 어떻게 해가야 할지
눈을 볼 수 없어 고개 숙일 뿐

무어라 반갑게 말해야 할지
미소를 건네주니 고마울 뿐

사랑아

사랑아 하면 반겨준 이여
가까이 하기에 기뻤어라

그리운 그대 첫사랑이여
지금은 한없이 애달파라

이 마음 하도 쥐고 흔들어
이제는 헛헛함에 무심해

좋은 생각

누군가의 관심에 감사하고 싶다
흔치 않은 사랑에 보답하고 싶다

주변 모든 게 평화롭고 반가울 때
먼저 너에게 전화하고 싶어진다

어떻게 보냈니 무엇을 하고 있니
좋은 생각을 나누다 보니 뿌듯해

말하자면

그리움이 설렘이 나날이 오네
이른 아침 이 마음을 보내고 싶어

말하자면 표현하기 아까운 단어
당신만이 그려지는 하루가 가네

석양빛은 신비로운 그대의 얼굴
꿈속에서 그려보는 그대의 미소

고백

그건 설레는 그리움이었어
당신에게 그걸 전해야 했어

이렇게 결국 고백이 아니게 되었지만
한때는 거기서 시공간이 멈추길 바랐지만

이제는 괜찮아 시간은 쌓여 둑이 됐고
다른 소중한 공간이 그 안에 지어졌어

Do it now

당당히 말해 고백을 미루지 마
혼란한 건 알아 후회는 하지 마

그 마음 애틋한 진심을 보여줘
지금 바로 다가가면 되는 거야

벌써 유월인거 알잖아
시간은 기다리질 않아

여백

누구에게나 헤어짐의 끄트머리가 있어
영원히 사라지지 않는 빈 공간이 왜 있지

가라 마라 다투던 미안함 때문인 건가
너무 두툼히 남긴 시간들 때문인 건가

눈으로는 안 보여도 마음으로 읽혀내는
여백의 기록을 저 끝에서 밀어내련다

얼마나

비가 오는 흐려진 날이면 기다려져요
돌아와 줄까 기다림에 지친 마음

바람이 깊어지는 날이면 기다려져요
다시 가볼까 기다리며 만난 그곳

숨쉬기 어려웠던 그대의 이별 고백은
아직도 멍했던 회색빛으로 가득해요

라디오

열한시 두시 여섯시 밤 열한시
편지, 엽서에 눌러쓴 사연들은 애달파

시간을 꽤나 천천히 펼쳐주니 재밌어
잡음 주파수가 돌려 맞춰지니 신비해

흘러나온 아르헨티나 영화 OST
하루종일 귓가를 떠나지 않아

여행

스치듯 바람에 그냥 떠다니는 건
구름도 새들도 원하진 않을 거야

어느새 구름은 나는 새가 되었고
새들은 무리 지어 구름이 되었다

푸른 하늘을 한껏 바라보는 여행
저기 위에서 여럿 친구가 되어본다

걸음걸이

개구쟁이들 저 뒷모습은 그저 좋다
사춘기 저 소년들은 다들 팔자걸음

청춘연인 뒷모습은 그냥 훈훈해
군대 저 청년은 어깨도 각겨있어

퇴근길 지하철 잰걸음에 처진 어깨
그래도 걸음걸음 힘내시어 가세요

어른

한참을 위로 올려보았어
어른은 무엇이 다른 거지

어른답지 않은 어른이 많았어
내 눈귀에는 다음 행동이 보여

나는 어린이인데 왜 보이지
어린애답게 굴지 않아서였나

흐린 하늘

흐린 색 사이사이 가느다란 빛줄기
하늘은 열림과 닫힘을 반복한다

여름은 열기로 하늘을 그려낸다
이제 먹구름이 하늘을 덮어낸다

흐린 빛은 여린 만큼 또렷하다
공중 비는 맹렬하게 낙하한다

하늘담

하늘에도 주인이 있다면
나는 벌써 부자가 되었어

구름 사이 여기저기 선을 그었어
맑은 하늘은 푸른 토지가 되었어

흰 구름 이쁜 담벼락 사이로
나만의 하늘땅이 만들어졌어

사춘기

기울어진 평행선에 서있을 때가 있어
그럴 땐 심호흡을 하고 눈을 감아 봐

기울어짐을 처음 감지하였으나
해결 방법을 모르는 최초의 증상

중딩 반항심은 그렇게 시작됐겠지
이젠 부모님이 굴곡진 그 선에 계신다

미풍미파

질풍노도 사춘기는 달랐던가
나를 갉아 모아 존재를 세운다

살살 부는 바람, 잔잔한 물결
진정시키는 명상을 감행한다

평온한 세상을 머릿속에 두고도
애써 외면하는 종족이 돼버린다

별무리

저 은하에서 날아든 폭포수
은하수 한 무리가 빛을 발한다

그때는 늘 함께 바라보았어
이젠 하늘을 찾고 또 찾아본다

저 무리 속에 푸른 생명 빛이 있을까
나를 비추어 매일 바라볼지도 몰라

명동 빵집

아직 팥빵에 우유가 어울리는 아이들
푸릇한 수염 고딩 풋내기들 다 모였네

하굣길에 무슨 할 얘기가 그리 많은지
과묵한 등굣길에 비하면 할 말이 넘쳐

흩날리는 빵 냄새는 지나치기 어려워
일단 그냥 신이 나니 집엔 언제나 갈까

인기쟁이

어떤 말을 해도 밉지가 않아
미소와 말투가 다이나믹해

만담의 모티프가 명확하고
칭찬을 입에 달고 있는 매너

유머는 말 시작부터 이미 묻어있고
침묵해도 두터운 여유가 감싸 도네

인상

매력은 미소에서 빼꼼히 나온다
상황마다 웃음소리가 다르다니

아이 미소는 직설적이어서 순수하다
저분 복식호흡 웃음은 왠지 화통해

그저 이빨이 드러나게 연습 중이다
나는 한껏 소리 내어 웃었어야 했다

시울

언저리가 이쁜 사람이 좋다
눈가, 입가가 볼수록 시원해

매일 연습으로 애써보면 어떨까
갈수록 표정이 쾌청, 건강했음 해

눈시울, 입시울이 그윽한 이여
경쾌한 발걸음이 봄바람을 가르네

창문

설렌 눈빛은 전달되지 못했어
저 너머 보이는 긴 생머리 소녀

고백이라는 것을 어떻게 해야 할까
아니면 그저 조용히 멀어지는 건가

그녀는 저기 창문에 서있고
나는 그 광경의 곁에 서있다

한마디 말

내게 호기심은 꿈이었고 매일 넘쳐났어
눈에 무엇이든 정말 신비롭게 담아뒀지

어린 그는 첫 영화 관람을 무서워했어
처음 보는 어둠, 그리고 신기한 밝음

옆에 어머니는 차분히 말씀하셨어
몇 분이 지나면 너에게 꿈이 될 거야

통기타

육현에서 울리는 신비한 화음
멋진 멜로디를 누르고 싶었어

맹연습이 저지된 참혹한 이유
쓰라린 아픔의 손끝 볼록살들

굳은살이 다시 째지는 고통은
결국 애증의 관계가 돼버렸어

자동차 경주

중딩 교실 창문 너머로 굉음이 들린다
몇몇 친구들이 리모컨 들고 경주를 한다

부러움은 잠시 접고, 눈으로 코치해 준다
점프 코스가 중요한데 계속 뒤집히네

대회에 나가려면 더 터프하게 해야 해
얌생이 쟤는 그냥 집에서나 놀아야겠어

팔씨름

사춘기 해방구는 자전거와 덤벨이었어
온의동 등하굣길은 거친 비포장, 페달질이 신났어
아령 운동은 정해진 습관처럼 시간을 지켰지

등하굣길에 자전거 선수들은 이미 넘쳐났어
팔씨름 대표 선수는 반마다 왜 이리 많은 거지

오늘은 저쪽 6반에서 한 놈이 원정을 왔어
이 친구 자전거는 잘 타던데 팔목 힘은 왜 이렇지

복고

삼륜차, 코티나, 브리사, 짚차
시청, 종로 길거리는 단출하다

중앙선도 신호등도 없는 광화문대로
저기 우마차는 보조를 맞춰 묻어간다

출근길 남성은 세운 옷깃이 꽤나 멋지다
그 길에서 강남 가는 버스를 타보고 싶다

자동차

1986년, 신차 디자인을 바라보는 신기함
강아지 같은 이차는 누가 디자인했을까

한 번 둘러보고 두 번 둘러보고
눈에 담아 바로 도화지에 그려보았어

2024년, 팔십 노모가 이차, 저차 특징을
브랜드 로고를 다 알고 계시다니 신기해

열두 살

그때 그곳에 가봤어야 해
광화문 종로 남대문 남산

빌딩 바쁜 사람 자동차 시장
눈가에 그 거대함을 담아서

고향 조그만 마을 여기저기
그대로 상관하며 컸어야 해

에스컬레이터

이건 문명을 깨닫는 계단이었어
숨겨진 계단이 솟아나니 멍했어

어머니는 얼어붙은 나를 달랬지
집에 와서 원리가 뭘지 그려봤어

어디서 누구에게 물어봐야 할까
한동안 계단과 긴 대화를 나눴어

별빛전구

이날 별빛은, 불빛은 신비로웠다
작은 거실 마루는 전구로 감싸였어

번갈아 깜박이는 전구는 별빛 같았지
마음도 쉴 틈 없이 여러 색을 따라다녔어

유리에, 창문에 반사되는 빛의 입체감은
곧 그 흰 수염 할아버지가 오실 거 같았어

천문대

밤하늘 항성, 행성을 구분하기 힘들어
달 옆에 항상 빛나는 저 별은 행성일까

어떤 존재도 확대해 볼 수 있는 신비로움
그곳 천문대에서 저 별 지상으로 가보자

지상에 거니는 존재도 확대해 보련다
여기저기 해맑은 미소가 나타날까

김장

언 땅에 항아리 자리를 힘겹게 먼저 파냈어
두 항아리 안에는 저녁녘이 되어야 가득 찼지

동네 아낙 경력자들이 한데 모였으니
김치맛은 정말 최상품이 되었겠어

小雪 첫눈이 항아리 뚜껑을 소복이 덮었을 그때
그래서 오늘이 김치의 날인가 봐

전축

검은 원반 위에서 노래가 춤을 춘다
바늘 끝은 닿을 듯 말 듯 허공을 노닌다

먼지가 읽히는 소음마저 음표가 된다
숨을 멈추고 머릿속에 받아 적었어

오늘은 브리티쉬팝을 반복재생
가사를 띄엄띄엄 둘러 본다

오락실

5평 남짓, 여기에 대장은 따로 있었다
저 손놀림은 과연 따라 해볼 만했어

그런데 이건 감성이 아니고 스킬이었다
화면을 향한 저 아이 눈빛은 차갑기만 해

대장을 보는 시간이 점차 줄어들었어
오늘은 그냥 집까지 마구 달려가 보자

판화

특별활동시간, 나는 처음부터 미술을 택했어
붓이 아닌 조각도에 마음이 끌렸지

나무판, 고무판이 깎여나가는 손끝 느낌은
밤잠을 잊게 하고 말았어

옆 반 저 친구 멋진 수채화 그림이 눈에 들어온다
오늘은 길가 들꽃 풍경을 밑그림으로 담아보련다

홈런

일요일 중학교 운동장은 주인이 없어
약속대로 동네 조무래기 두 팀이 모였어

우리 팀은 어린 꼬마 외야수가 약하다
땀이 뻘뻘 속구 투수는 제법 괜찮아

사번타자 저 형은 우리 동네 아닌데 왜 왔지
연속 파울홈런에 긴장감이 백배다

야구 축구

운동장에 친구들, 나를 기다리고 있네
어제는 야구, 오늘은 축구

1학기까지 패배가 없었어
오늘은 원정팀을 상대해야 해

가을이라 해가 짧다
힘을 내 빨리 이기고 집에 가자

축구화

드디어 새 신발을 머리맡에 두고 잤어
박힌 징이 바닥에 닿는 소리는 특별했지

야구를 할 때도 축구화를 신었어
골도 더 잘 넣을 자신감이 넘쳤어

오늘은 한여름이지만 해가 길어 좋아
축구는 이겼고 야구도 하고 가야겠다

달리기

뛰는 건 꽤 편했다 왜 그리 빨랐을까
저 앞에 시간을 먼저 차지할 수 있어

뒤돌아보면 아직 오고 있는 아이들
먼저 기다리며 공기를 다듬어놨어

코앞에서 반겨주는 운동회 시합은
저항하는 바람을 쪼개며 들어왔어

가을운동회

흰 운동화를 품고 이른 아침을 맞았어
나를 내달리게 해줄 친구가 되어주렴

부리나케 도착한 교실엔 아무도 없어
만국기 달린 운동장 한 바퀴 둘러봤어

여기는 백 미터 저기는 계주 출발점
팔뚝에 찍힐 도장들을 미리 세어본다

계주에선 항상 마지막 4번 주자였어
운동회는 그렇게 종료를 앞두고 있었지

3번 주자가 제일 중요해 실수가 나오거든
마지막 바통이 내 손바닥에 바로 닿았어

바람을 가르기 시작하면 오히려 침착해져
끝내 내 앞에는 아무도 달리지 않았다

객기

공지천 다리 위로 기차가 달린다
세 아이가 서로 마주보고 결심한다

그래 오늘 미션은 저기를 건너는 거야
비정상적인 객기에 기차는 급히 멈췄다

사고는 모면되고 기관차에 올려져 이송,
어머니들은 정신을 잃으신 듯 달려오셨다

양초

교실 책걸상이 모두 뒤로 젖혀지면
청소 시간 시작인데 다소 기대됐어

초딩들인데 꽤나 조직적인 동선
서로 눈치 보는 부끄럼은 다 보여

다 모여 바닥에는 양초질 걸레질
신나게 지그재그 왁자지껄 달려

결핍

친구들이 왔을 때 처음 느꼈어
친구집에 갔을 때 새삼 알았어

방, 거실, 화장실이 다른 세상
청결함에 익숙지 않은 불편함

이 상황을 내 것으로 만들려고
결핍을 겸허히 빠르게 읊었어

양말

구멍이 안 난 양말은 분홍색뿐이었어
어린 초딩 나에게는 큰 고민이었지

구멍 난 검은색 어른 양말을 신을까
구멍 안 난 창피한 분홍색으로 할까

선생님은 왜 내게 말을 많이 걸지
이쁜 선생님은 좋은데 발을 감출 데가 없네

그래도 오늘 운동장을 제일 많이 뛰어놀았어
집에 가는 발걸음이 가볍다

뜀틀

무겁게 들고 나온 사각 조각틀
잘해도 못해도 쑥스러운 운동

두 단 세 단 쌓이면 앞이 무서워
시범은 언제나 나를 시키셨어

앞에 둘러앉은 아이들의 눈빛
긴장 백배, 네 단을 넘어버렸다

수업

재미없던 건 없었어 기대가 되기도 했어
미술은 마술 같았고 음악은 놀이 같았어

공부가 아니어도 되고 운동장은 설렜어
그냥 친구라서 기뻤고 해맑아서 좋았어

음악 친구는 거기에서 이미 만났었나 봐
재미없을 때도 있지만 놀라움이 더 컸어

암기

흥미로운 건 따로 있었지
한자들을 즐거이 외웠어

구구단은 정감이 없었지
천자문은 그림책 같았어

하늘과 땅 사이에 만물을
도화지에 크게 그려봤어

방학

골목길 친구가 다가와 인사하네
저기 다른 동네 실컷 돌아다니자

글러브만 끼고 다녀도 금세 친구
골키퍼 없는 축구 경기는 스릴 만점

내일 또 오라는 고마운 환심에
우리 동네 조무래기들 총동원

오던 길

여기저기 길이 변했어
등굣길 시장길 오솔길

흙바닥은 불편했어도
먼지가 꽤나 날렸어도

친구와 들떠 달리던
매일 오던 길이 좋아

등굣길

우물을 거쳐 야산 언덕을 넘어야 했어
자석에 철 붙듯이 조무래기들이 합류한다

준비물을 서로 챙기고 사탕을 나눈다
교문에서 국기에 대한 맹세는 비장했지

1교시는 선생님이 더 들떠 들어오신다
오늘은 마지막 시간이 미술이라 너무 좋다

두 아이

한 아이가 몰래 다가가 놀랜다
한 아이는 전혀 놀라지 않는구나

작은 책가방이 버거운 두 아이
맑은 아침 인사가 서로 어설펐다

당연한 듯 어깨동무를 세게 해
저 아이 둘의 세계관이 부러워

재미

룰이 없어야 재미지다
네가 친구라서 재밌다

동네놀이 중독자 두 아이가
배드민턴을 치기 시작한다

바닥에 안 떨구고 치기 카운트
신기록을 매일 갱신하고 있다

참 좋아

마당에 모여 공놀이하자
골목에 나가 다방구하자

언덕에 올라 칼싸움하자
하천에 가서 물장구치자

오늘 하루도 쉴 틈이 없어
동네 한 바퀴 도니 참 좋아

조무래기

골목을 경계로 두 조무래기파가 있었어
그래서 동네는 늘 경쟁으로 후끈했지

이쪽은 다소 나이스한 지붕을 가진 집들
저쪽은 꽤나 터프한 언덕들에 놓인 집들

조무래기 대장들은 응징이 뭔지 알았어
하지만 정정당당했지 뒤끝도 없었던 귀요미들

손길

너른 마당에 햇볕이 가득차면
졸린 강아지를 깨워 공놀이를 했어

흰둥이는 나처럼 승부욕이 넘쳐나
이미 일대일 축구경기가 돼버렸어

이 녀석 덩치가 언제 이렇게 커졌지
그래도 아직 내 손길을 제일 좋아해

계절

처마 밑 고드름이 녹아내리네
봄빛을 바라보니 그럴 만도 해

어느새 자잘해진 물방울들은
마당바닥을 박차고 흩어진다

저 구석 담벼락 위 눈얼음만이
아직도 햇살 근처에 빼곡하네

첫눈

발자국 없는 하얀 행성에 다다른 나
밤새 내내 기다린 눈은 신비로웠어

새벽 눈은 들릴 듯 말 듯 서로 대화를 하네
오늘은 너는 저기로 나는 여기로 갈게

빨랫줄 위에 아슬아슬 도착한 저 눈은
마당 위에서 쓸려지는 눈을 위로한다

썰매

동네를 벗어나고 싶었어
하지만 겨울은 왕국이었지

밤새 눈이 오면 내일 나는 선수가 된다
하얀 들녘 언덕, 심호흡하고 내리친다

썰매는 자랑이었어, 내게 주는 선물이었어
한 번 더 그 들녘에 다시 서보고 싶다

가로등

깊은 저녁 눈 오는 날 집 앞 골목엔
발자욱 없는 하얀 모래밭 같았어

늦은 심부름을 자처해서 나갔어
그냥 찬바람 별 하늘을 맞으려고

나의 흰자욱을 여기저기 남겼어
가로등 밑 거기는 온통 무대였어

복숭아나무

담장을 넘겨 자란 나뭇가지
그 열매는 제법 무르익었어

더 크게 더 높게 커나가겠지
상처를 없애려 약을 뿌렸어

칭찬 없이 꾸중을 왜 하는지
아이 인내심은 더 강해졌다

잠자리

당겨진 빨랫줄 위에 나란히 앉은 두 녀석
가을바람에 날갯짓이 어렵진 않았겠어

잠시 쉬어가는 거니 멀리 떠나려는 거니
내게 손짓하는 거니 둘이 놀이하는 거니

머리 위에 앉아 흔들리는 그림자를 보렴
눈을 감고 따스한 햇볕을 온몸에 받으렴

우물

교동에는 우물이 있었지
왜 여기 이 우물이 있을까

샘물 같기도 한데 사람이 그다지 없어
놀다 집에 가는 아이들이 한 바가지 다 흘리네

내 기억이 틀리면 누가 말해주소
여기가 그 유명한 교동 우물이라고

골목길

담벼락은 또 한명의 공격수
꼬마 두 명이 연신 발길질한다

담벼락을 수비수로 활용하는 지능
몸싸움에 웃음은 곧 고성이 된다

너 손에 닿았으니 페널티 킥이다
아니다 담에 튕기고 맞은 거니 정당하다

뒷산

언덕 위 맑은 하늘 바라보며 노닐어
마을엔 어느새 저녁 부엌 굴뚝 연기

여름 저녁 해 질 시간은 남았지만
오늘도 늦으면 엄니 등짝스매싱

친구에게 넝쿨 속 아지트를 맡기고
구불구불 길 바람 가르며 날아간다

꿈

하늘을 함께 날고 있다
유일한 한 사람과 떠있어

아래로 보이는 마을, 거리
어디에 내릴까 물어보았어

구름 위로 더 올라가자 하네
그래그래 내일 내려가자고

꿈처럼

오늘도 하늘을 유유히 날아 거닌다
중력을 거스르는 신비로운 생생함

위에서 본 마을은 구분 없이 이쁘다
차도 사람도 점일 때까지 올라간다

순수한 아이에게만 주는 하늘 선물
그림일기장을 펼치는 손끝이 떨린다

춤추는 나무

동네 어귀 바람에 휘날리는 큰 나무
그 소리마저 서늘함이 가을 같아라

한참을 머리 위로 쳐다보는 아이들
귓가를 맴도는 소리는 파도 같아라

산을 하늘을 품고 서있는 곧은 나무
매일 우리를 바라보는 친구 같아라

사계

너른 논바닥에 불순물 많던 스케이트장
언덕은 가파른 썰매장으로 바뀌었어

단풍진 야산으로 가을바람과 놀러가고
봄날 운동장 아이들은 긴 승부를 따졌어

에어컨 없던 교실 안에 열풍이 가득했고
춘천은 대구만큼 폭염에 익숙한 동네였어

의자

마당 수돗가에는 늘 어머니가 계셨어
어린아이는 늘 곁에서 물장난을 했지

오늘은 빨래 시간이 왜 이리 길까
힘겨운 톱질, 망치질로 의자를 만들어 드렸어

잠시 헹굼을 멈추시고 말씀하신다
'높이가 맞아 아주 편하구나'

음악시간

오전에 마루는 따스한 햇볕이 잘 들었어
무릎에 누워 라디오 소리에 나른해진다

어머니는 이제 카세트테이프를 넣으셨어
칠팔십년대 디스코를 주도한 독일 혼성그룹

굵은 보이스 남성 랩과 여성 화음멜로디
내 귀엔 이상한데 마더는 손가락 춤을 추신다

울타리

담장 너머로 아이 눈이 겨우 닿았어
오랜만에 친구 녀석 눈길을 보낸다

낮잠이 덜 깬 걸 어떻게 꼬드겨 볼까
멍멍 멍멍 해피는 뜀박질을 시작해

장독대에 올라 겨우 맞장구를 친다
그래 해피랑 운동장으로 가자 뛰자

강아지

아침이면 머리를 물고 흔들어
꼬물거리는 발길질에 잠이 깨

컸는지 이젠 마당이 편한가 봐
여기저기 짖는 소리가 우렁차

어느 날 무엇을 잘못 먹었을까
아픔이 길어지니 같이 울었어

고향의 봄

들판은 놀이동산 같은 재미를 주었어
나는 그냥 그랬듯 오늘도 뛰어놀았어

어린이날은 티비 속 쟤네들 날이었어
졸라댐이 없는, 아이 같지 않던 아이

나의 봄날은 아마 더 풍성했을 거야
고향 언덕 꽃향기는 진짜 봄이었다

처음

왜 그랬을까 어디서나 웃음기가 부족했어
기다리지 말고 어디서나 앵겼어야 했어

어땠을까 지금도 눈웃음이 대신하네
치아가 환히 웃는 부러움은 아직도야

처음부터 얼굴에 미소를 심고 싶었어
Greet warmly with a hug and smile

빗물

마루에 조용히 걸터앉은 소년
하나둘 빗물을 유심히 바라보았어

빗방울 소리는 여기저기 흩뿌려지고
튕겨지는 이쁨을 천천히 담아보려 해

멍했던 이 시간이 얼마나 지났을까
저 하늘엔 일곱 색깔 다리가 펼쳐졌네

무지개

소나기 흠뻑 맞고 달려가는 길에
하늘에 펼쳐진 흐릿한 칠색 다리

점점 가까이 보이니 닿을 듯하네
얘들아 달려 저기 끝을 잡아보자

층층 색깔마다 우리 올라가 보자
구름 솜사탕 따서 빨리 내려오자

우산

우산을 빗줄기가 둘러싸고 있어
그 안에서 꽤 넓은 세상을 품었어

우산 두 개를 나란히 바닥에 두고
그 안에 앉아 빗소리를 담아뒀어

마당 가운데 놓인 섬 위에서
빗방울 크기를 재어 보았어

실감

호기심이 많은 아이의 거친 하루
하루 종일 쌓아논 의문과 질문들

목덜미가 아프게 그저 쳐다보던
달 비 별빛 구름 비행기 나비 새

소나비 그친 맑은 하늘에 떠버린
무지개 끝으로 무작정 달려간다

계절풍

앵두, 해바라기, 개나리, 나비
바람에 날려가는 구름도 본다

댕댕이가 월월 신호를 보낸다
지붕 처마에 제비 가족이 왔네

마당에는 고립된 계절풍이
꽤나 머물면서 휘돌아 갔다

둥지

집 마당 곳곳에는 생명이 숨 쉬었어
제비집, 개집, 개미집, 지렁이집

제비새끼들은 목을 내놓고 배고파했고
강아지는 그들을 향해 유난히 멍멍대고

집단개미들은 몇 배 지렁이를 공략했어
까마귀, 까치들은 달콤 과일을 쪼아댔지

한나절 여기저기 보살펴 주느라 시간이 부족해
정원 안 아지트에 누워 내 둥지를 점검한다

뜨개질

두개의 긴 나무 바늘이 엇갈리며
실 한 줄을 사이로 마법을 부린다

보기에는 투박한 스웨터가 완성됐어
벙어리장갑은 낄까 말까 망설여져

어머니는 우리를 앉혀놓고
온몸을 실들로 무장시켰다

그림자

엄마와 아이가 봄봄 미소로 걷고 있어
엄마가 만든 동물머리 손가락 그림자

아이는 어렵게 그림자를 따라 만드네
토끼인가 강아지인가 엄마가 묻는다

아이는 그냥 신이나 엄마 주위를 뛰논다
봄빛에 두개 그림자가 함께 춤을 춘다

중앙시장

교동에서 춘여고를 거처 시청까지
유난히 맑은 하늘 발걸음이 신이나

명동은 빵집으로 시작됐어
시장은 본격적으로 북적였지

극장 간판은 눈 코 입 비율이 안 맞아
어머니는 미제 캔디 하나를 입에 넣어주신다

최애

어머니가 방바닥을 훔칠 때 나는 등에 탔어
어린 나에게만 주어진 특혜였지

허리가 아프지 않으셨을까
바닥 여기저기를 닦기도 힘드셨을 텐데

그래서 나는 금방 깨달았어
최애 놀이를 장난감거북이 등짝으로 바꿔야겠어

마음놀이

늘 알 수 없는 아이 마음
꼬마 둘이 마주 앉았어

금세 서로 마음이 통해
서로 역할을 주고받네

어른이 모를 어린 마음
놀이는 미래에 와있어

친구

너른 마당에는 친구들이 많았지
해바라기, 앵두, 복숭아꽃, 댕댕이

나만의 블랙홀, 거기는 우주였지
마루에 걸터앉아 눈인사를 모두 나눴어

이미 내 마음 알고 있었나 봐
내게 주는 눈빛이 너무 포근하다

꿈의 꿈

잠이 깊이 들었어 그 잠 속 여행
꿈, 꿈의 꿈, 다시 가느다란 현실

아이, 커다란 어른, 나의 반복은
세 개의 세상을 넘나드는 비현실

어느 게 꿈이 아닌지 서로 물으면
이게 다 너의 모습이니 묻지 말래

홍역

밤이 더 짙은 밤이었어
눈 코 입말고 왜 느낌이 없을까

천장 도배 무늬가 코앞에 닿는 어지러움
등허리는 왜 이리 아래로 당겨지지

두 사람 누군가 나를 당기고 있구나
옆에 아무도 없으니 어금니만 물고 있네

온전히 내 자리로 데려다 줘
들녘에서 달려 노니는 꿈을 꾸고 싶다